EL NUEVO RACISMO

ENTRE EL BLACK LIVES MATTER
Y LA JUSTICIA CLIMÁTICA

T0243754

Título original: *Il nuovo razzismo. Tra Black Lives Matter e giustizia climatica*
© 2021 Centauria Editore, srl, Milano
Texto: Valentina Giannella
Ilustraciones: Veronica Carratello
Proyecto gráfico: PEPE *nymi*

Traducción: Cristina Bracho Carrillo
Dirección editorial: Juan José Ortega
© 2023 Ediciones del Laberinto, S. L., para la edición mundial en castellano
ISBN: 978-84-1330-125-9
Depósito legal: M-721-2023
THEMA: JBFA1 / BISAC: YAN051180
EDICIONES DEL LABERINTO, S. L.
www.edicioneslaberinto.es
Impreso en España

DISPONIBLE
EN E-BOOK

Valentina Giannella

EL NUEVO RACISMO

ENTRE EL BLACK LIVES MATTER Y LA JUSTICIA CLIMÁTICA

Desde el tráfico de esclavos hasta las grandes migraciones. Todo lo que hay que saber para construir un mundo más justo y seguro para todos

Ilustraciones de Veronica Carratello

ÍNDICE

A la madre
de George Floyd

INTRODUCCIÓN

La definición de racismo y la suerte de desconocerlo —por ahora—

Mis hijos son muy afortunados. Es lo que pienso mientras aspiro el aroma del café recién hecho, porque Leonardo acaba de preguntarme qué significa la palabra *racismo*. De momento, la desconoce, y tiene casi trece años. Con la de charlas que he dado en los colegios para hablar del cambio climático y el desarrollo sostenible con miles de chavales de su edad y no me he dado cuenta de que a mi hijo preadolescente se le escapaba un concepto fundamental para comprender el presente y prepararse para un futuro en el que los efectos del cambio climático afectarán, sobre todo, a los habitantes de África, el Sudeste Asiático y Sudamérica, con los consecuentes desplazamientos en masa y el aumento del sentimiento xenófobo y racista. «Si no es consciente de ello, no podrá combatirlo», me susurra mi perenne naturaleza de activista.

También las encuestas lo reflejan: damos por descontado que nuestros hijos saben lo que significa la palabra *racismo* y conocen sus raíces, pero a muchos les llegan imágenes, noticias y mensajes por las redes sociales y empiezan a hacerse preguntas, sobre todo tras la muerte de George Floyd, que reactivó el movimiento Black Lives Matter. Todo lo referente a la violencia policial, el racismo sistémico, la herencia social y económica de la esclavitud y la discriminación del día a día comienza a aflorar también en su esfera de percepción mediática.

Se lo resumo así a mi hijo: «El racismo es una terrible realidad que afecta a millones de personas desde hace siglos y que parte de la mentira de que un grupo de seres humanos tienen más derechos que otros solo por el color de su piel, su religión o su país de nacimiento. Una excusa que se han sacado de la manga los seres humanos para anteponer sus propios derechos o para echar la culpa a los demás de situaciones que no se atreven a resolver».

La mirada de Leonardo me da a entender que necesita un ejemplo concreto.

—A ver, hoy has tenido clase de Plástica, ¿no?

—Sí.

—Y os han repartido pinceles y colores; entre ellos, el dorado, que se deja para las decoraciones finales. Pero en clase sois veinte y solo hay quince pinceles. Por no hablar del color dorado: solo hay un frasco para todos y, si no se reparte bien, muchos se quedarán sin él. ¿Cómo lo harías?

—Le pediría ayuda al profesor. Si nos lo repartimos por turnos, habría para todos.

—Exacto —respondo con convicción—. ¿Pues sabes lo que habría hecho el racismo si fuera tu profesor? Habría decidido que solo algunos de vosotros, unos privilegiados, podríais usar los pinceles solo por llevar una camiseta blanca, por ponerte un ejemplo. Los demás, los que llevan camisetas de otro color, tendrían que esperar.

Si al terminar la jornada ha dado tiempo de que llegue a los demás, bien; de lo contrario, los otros se volverían a su casa sin haber podido trabajar. Lo mismo, de entre todas esas personas, hay un par que poseen un gran talento artístico y que habrían hecho un trabajo maravilloso, pero, por culpa de una elección racista, nadie lo sabrá jamás y se sentirán excluidos y aislados. Además, se enfadarán porque habrán sufrido una injusticia.

—¿Entonces el racismo es una injusticia? —me pregunta Leo.

—Exacto. Una que el ser humano arrastra desde hace siglos.

—¿Y por qué no deja de hacerlo? —replica, cada vez más intrigado.

—Porque, de vez en cuando, los recursos escasean, como los colores de vuestra clase, y siempre hay quien se sirve del racismo para imponerse y sacar ventaja sobre los demás. Cada año, la humanidad exprime los recursos que el planeta pone a su disposición, por lo que cada vez quedan menos. Por eso hay que aprender a combatir el racismo desde ya, porque, quizá, el día de mañana se intensifique. Solo si combatimos el racismo y el cambio climático, podremos construir un futuro mejor.

Ya habíamos terminado de desayunar, y Leo me miraba con cierto aire de preocupación.

—Quiero saber más.

Aquella mañana nació este libro.

«POR FAVOR, NO LO LLAMEMOS "LA CUESTIÓN DE LA RAZA" CUANDO LO QUE AQUÍ SE DISCUTE REALMENTE ES "LA CUESTIÓN DEL RACISMO"».

ALEXANDRIA OCASIO-CORTEZ, SENADORA DE LOS ESTADOS UNIDOS

«LA ÚNICA RAZA QUE EXISTE ES LA HUMANA, TANTO DESDE EL PUNTO DE VISTA CIENTÍFICO COMO DESDE EL ANTROPOLÓGICO. EL RACISMO ES SOLO UN CONSTRUCTO SOCIAL QUE REPORTA BENEFICIOS. CON EL RACISMO SE GANA DINERO; Y A QUIEN NO ESTÁ SATISFECHO CONSIGO MISMO LE AYUDA A SENTIRSE MEJOR. TAMBIÉN SIRVE PARA JUSTIFICAR CIERTOS COMPORTAMIENTOS NEGATIVOS. POR LO TANTO, EL RACISMO TIENE UNA FUNCIÓN SOCIAL. PERO, SI NOS ATENEMOS A LA RAZA, SOLO EXISTE EL SER HUMANO».

TONI MORRISON, ACTIVISTA Y PREMIO NOBEL DE LITERATURA

«I CAN'T BREATHE»

LA FRASE QUE DESPERTÓ
AL MUNDO ENTERO

«I can't breathe». No puedo respirar. El 26 de mayo de 2020, una frase que nos aterroriza a todos, que jamás queremos escuchar pronunciar a un ser humano, acaparó las primeras planas de los periódicos y las televisiones de todo el mundo, así como las portadas de los principales sitios web informativos internacionales.

Mineápolis, los Estados Unidos, la tarde del día anterior: según las declaraciones de los testigos, George Floyd se hallaba en un «evidente estado de alteración» y «sufrimiento visible». Repitió la frase «I can't breathe» al menos dieciséis veces mientras el agente Derek

Chauvin lo aplastaba contra el suelo y le apretaba el cuello con la rodilla durante ocho minutos y cuarenta y seis segundos pese a que Floyd estaba esposado y no opuso resistencia. Al cabo de siete minutos, Floyd dejó de respirar. Su delito, aún sin demostrar, fue haber pagado un paquete de cigarrillos con un billete falso.

Los periódicos locales se hicieron eco de la noticia en tan solo unas líneas. La muerte de Floyd se habría convertido en un caso más, otro número que añadir a la lista —constatada de forma regular por las instituciones de los Estados Unidos— de afroamericanos muertos durante un enfrentamiento con la policía, de no haber sido por los rápidos reflejos y la voluntad de que el mundo entero supiera lo que estaba ocurriendo de una chica de diecisiete años: Darnella Frazier. Darnella había llevado a su primito de nueve años a comprarse un helado a la misma tienda donde Floyd había intentado comprar los cigarrillos tan solo unos minutos antes. Cuando se topó con semejante escena y se dio cuenta de la injusticia que estaba presenciando, decidió grabarlo todo con su teléfono móvil y publicarlo directamente en las redes sociales. Al cabo de pocas horas, el *hashtag* #Icantbreathe se hizo viral junto al de #blacklivesmatter, un movimiento apolítico cuyo objetivo consiste en sacar a la luz la diferencia de trato, los prejuicios y la violencia que las fuerzas del orden ejercen sobre la población afroamericana todavía hoy. Esta vez, aquellas palabras desesperadas no se convirtieron en una simple cifra, sino en una historia dramática y aterradora, pero de rabiosa actualidad. La historia de un hombre con dificultades que vivía al margen de una sociedad que nunca aceptó a la minoría a la que pertenecía, en un sistema racista que repite los mismos errores con demasiada frecuencia.

Por no haber permitido que Floyd pasara a formar parte de una estadística, Darnella recibió unos meses más tarde el premio PEN/Benenson Courage, un galardón que reconoce el valor de las personas anónimas que ponen el foco en situaciones injustas. La presidenta del jurado, Suzanne Nossel, declaró que el gesto de Darnella «respondió a un acto de valentía impulsado por el deseo de combatir el racismo sistémico y la violencia policial».

Su contribución al despertar de la conciencia colectiva hizo que la compararan con Rosa Parks, la mujer afroamericana que suscitó una fuerte reacción en la opinión pública en 1955 con un gesto de lo más simple: negarse a ceder su asiento en el autobús, aunque este estuviera reservado para los blancos.

El gesto de Darnella se asemejó al de Rosa Parks, pues ha cambiado la historia contemporánea. Durante los días y semanas posteriores a la muerte de George Floyd, se desencadenaron reacciones de orgullo afroamericano por todos los Estados Unidos y el mundo, pero también mucha rabia, llamamientos a la no violencia, conflictos sociales, manifestaciones pacíficas y disturbios en más de dos mil ciudades en tan solo unas pocas horas. El homicidio de Floyd —a Chauvin lo acusaron de homicidio involuntario de segundo grado; es decir, intencional, pero no premeditado— provocó las reacciones de una parte de la sociedad que aún sufre el racismo sistémico, un concepto que se deriva del racismo original —juzgar a una persona por el color de su piel—, pero que tiene efectos negativos aún más amplios que trascienden la mera discriminación y se aplican a todas las esferas de la vida de un ciudadano y sus interacciones con la sociedad: desde las fuerzas del orden hasta la educación escolar, desde su relación con los bancos hasta con los empleadores.

A quienes criticaron las imágenes de destrucción que la prensa denominó «revueltas por todos los Estados Unidos», hay que recordarles que la mayor parte de las protestas fueron no violentas. Para ser más exactos, según la revista *Time,* más del 93 % de las manifestaciones que surgieron como reacción emocional a la muerte de Floyd entre el 26 de mayo y el 22 de agosto fueron pacíficas.

Mientras las tertulias hacían su agosto a base de repetir una y otra vez las imágenes violentas para dividir a la opinión pública entre partidarios y opositores a los manifestantes, aquellas tres palabras, «I can't breathe», consiguieron romper el velo de la ignorancia que se había anquilosado desde hacía años, y la gente se dio cuenta de lo difícil que es, incluso hoy en día, tener la piel oscura en uno de los países más avanzados del mundo.

CAPÍTULO 2

BLACK LIVES MAT-TER

HOY IGUAL QUE AYER,
QUIZÁ MÁS

La vida de los ciudadanos negros cuenta, *it matters*. Por desgracia, aún hay que recalcarlo. Suena innecesario, anacrónico, de otra época, pero también terriblemente actual. No ser consciente de la falta que hace repetirlo no solo está mal, también entraña mucho peligro porque impide actuar con determinación para cambiar el presente y evitar que el futuro conlleve problemas peores para todos.

Pensar que la mayoría de las dificultades relacionadas con la interacción racial se terminaron con las grandes manifestaciones, los activistas de renombre mundial, las luchas de Malcolm X, Martin Luther King o Nelson Mandela impide que la opinión pública continúe ejerciendo presión sobre los legisladores, que son quienes deben controlar que ciertas dinámicas que se han cebado con una parte de la población durante siglos sigan vigentes. Decir o pensar que se trata de excepciones o que el problema general del racismo se ha resuelto es la mejor forma de perpetuarlo. Repetir que «el racismo ya no existe» solo contribuye a enfangar el conocimiento de la situación, a ocultar unos hechos que demuestran que la cuestión racial está muy lejos de resolverse.

Según una encuesta de la Universidad de Harvard para *The Washington Post*, casi uno de cada dos blancos estadounidenses considera que la población afroamericana recibe un trato social y económico «prácticamente igual que la población blanca». Esto significa que el 50 % de los blancos piensa que los negros no tienen grandes dificultades para acceder a la sanidad, la educación, los puestos de trabajo o las posiciones de poder. Sí que es cierto que existen puestos de poder ostentados por afroamericanos —¿a alguien le suena el nombre de Barack Obama?—, pero los famosos suponen excepciones muy contadas; las estadísticas que retratan el panorama completo de la sociedad atienden a una representación muy distinta. Las cifras oficiales las publican tanto las instituciones autorizadas como las propias del Gobierno de los Estados Unidos. Para comprenderlas hace falta, como siempre, partir de lo más básico: la población estadounidense asciende a más de 332 334 millones de personas, y los ciudadanos afroamericanos suponen solo el 13,4 % —fuente: Censo de los Estados Unidos, último censo del 1 de abril de 2020—. Pese a que constituyen una minoría, en la actualidad cuentan con un impactante 33 % de su población encarcelada, y tienen cinco veces más probabilidades de que los detengan o metan en la cárcel que sus conciudadanos de piel blanca —fuente: Departamento de Justicia de los Estados Unidos—.

Si atendemos a las estadísticas de los incidentes con la policía que se han saldado con la muerte de la persona sospechosa, también la desproporción es llamativa: pese a que la población negra solo representa el 13,4 %, supone el 50 % de los casos. El homicidio de Floyd ni siquiera se incluiría en las estadísticas por el simple hecho de que murió por presión con una rodilla y no por un arma de fuego. Esto significa que uno de cada dos ciudadanos norteamericanos que mueren en un conflicto con la policía es negro, sin contar los que pierden la vida en cualquier otra circunstancia.

La primera vez que el *hashtag* #blacklivesmatter apareció fue en 2013, cuando absolvieron a George Zimmerman por haber matado con una pistola a Trayvon Martin, un adolescente desarmado, en el estado de Florida. Al año siguiente, no mejoró la situación: Eric Garner murió estrangulado por un policía en Staten Island, Nueva York. A Michael Brown lo mataron de seis tiros en un control en Misuri. Tamir Rice fue asesinado también por un policía: era un niño de tan solo doce años que llevaba una pistola de juguete.

Por todo esto, Black Lives Matter se convirtió en un movimiento global, oficial y organizado, cuyos objetivos son dar a conocer esta realidad que aún se niega y promover un verdadero cambio.

¿QUÉ SIGNIFICAN LAS *BLACK LIVES*?

¿Qué significa crecer en una sociedad en la que las *black lives* —las vidas de las personas negras— no son merecedoras de gozar de los mismos derechos que los blancos? Vamos a tirar de datos oficiales:

- Significa tener una tasa de mortalidad infantil que duplica la de la población blanca: 11 % frente a 4,7 %.

- Significa convivir con el hecho de que casi cuatro de cada diez niños negros (38 %) viven en condiciones de pobreza, tres veces más que los niños blancos.

- Significa que los niños blancos tienen el doble de probabilidades (22-40 %) de acceder a la educación secundaria, de ir a la universidad, que los negros (12-26 %).

- Significa que la tasa de desempleo se duplica (7-20 %) con respecto a la de los adultos de la población blanca (4-10 %).

- Significa, según una investigación de la Universidad de Harvard, que cuando un afroamericano «blanquea» su nombre —es decir, en su currículum lo sustituye por otro que no se relacione con su cultura— tiene más probabilidades de que lo llamen para una entrevista laboral (25 %) que cuando no lo hace (10 %).

Y significa muchísimas otras diferencias. Por eso el movimiento Black Lives Matter cobra tanta fuerza en la actualidad.

HISTORIA DE LOS NEGROS EN LOS ESTADOS UNIDOS: DESDE CRISTÓBAL COLÓN HASTA EL #BLACKLIVESMATTER

1492:

El 12 de octubre, Cristóbal Colón desembarca por primera vez en el Nuevo Mundo, una tierra desconocida a la que llamarán «Indias Occidentales» en un principio y «América» posteriormente.

1501:

El rey de España autoriza la exportación de esclavos de África a las Indias Occidentales para utilizarlos como mano de obra en las colonias españolas.

1511:

Los primeros esclavos africanos llegan al puerto de La Española, una isla que, en la actualidad, acoge la República Dominicana y Haití. Los campos de trabajo se situaban en una zona que hoy se divide entre Puerto Rico, Cuba y México.

1522:

Se registra la primera rebelión de esclavos en La Española, donde no dejaban de llegar cargas de seres humanos directamente desde África.

1562:

John Hawkins, el primer comerciante de esclavos inglés, llega a La Española.

1619:

Un comerciante de esclavos holandés vende a veinte hombres como mano de obra para construir un asentamiento inglés en Jamestown, Virginia. Son los primeros esclavos negros del territorio de América del Norte.

1624:

Nace William Tucker, el primer niño de origen africano que llega al mundo como una persona libre –y no esclava– en territorio americano. Lo bautizaron en el estado de Virginia.

1625:

Los barcos de los comerciantes de esclavos holandeses suministraron mano de obra a la colonia de Nueva Ámsterdam –la actual Nueva York– para construir un asentamiento, el puerto y la ciudad.

1641:

Massachusetts se convierte en el primer estado de las colonias británicas americanas en votar a favor de la esclavitud como comercio legal.

1663:

En Maryland, la ley establece que todas las personas que vengan de África se consideren esclavos. Las mujeres libres de origen europeo que se casen o que tengan hijos con hombres africanos perderán su estado de ciudadanas libres –es decir, también se convertirán en esclavas–, al igual que sus hijos. En el habla coloquial, las palabras *negro* y *esclavo* se usan como sinónimos. En 1964, los matrimonios mixtos seguían prohibidos en Maryland.

1670:

Toda persona que desembarque en Virginia y no profese la fe cristiana se convierte automáticamente en un esclavo. En 1672, se promulga una ley que no considera homicidio el asesinato de un esclavo.

1711:

El primer mercado público de esclavos abre en Nueva York, en la zona de la actual Wall Street.

1718:

Los franceses fundan Nueva Orleans. Al cabo de tres años, la población de esclavos negros excede la de los blancos libres.

1741:

El estado de Carolina del Sur prohíbe a los esclavos aprender a leer y a escribir.

1758:

Abre en Filadelfia la primera escuela para niños negros libres.

1775:

Durante la guerra de la independencia americana, unos cien mil esclavos se arriesgan a fugarse. Cuando se realiza la Declaración de Indcpendencia, la población de esclavos africanos —cuatrocientas cincuenta mil personas— representa el 20 % de la población total de la colonia.

1777:

Vermont se convierte en el primer estado de los recién fundados Estados Unidos en abolir oficialmente la esclavitud. En 1780 le seguiría Massachussets, que garantiza también el derecho al voto de los negros —solo los hombres—. En Rhode Island, el mismo año, se funda la primera organización cultural africana en los Estados Unidos: la Free African Union Society.

1784:

El Congreso rechaza la propuesta de ley de Thomas Jefferson de abolir la esclavitud en todo el país a partir de 1800. La familia de Jefferson, sin ir más lejos, posee casi doscientos esclavos.

1785:

Nueva York declara libres a todos los esclavos que combatieron para liberar la colonia durante la guerra de la independencia.

1790:

Primer censo oficial de la población de los Estados Unidos: los afroamericanos representan el 19,3 %.

1827:

Nueva York abole la esclavitud.

1849:

Comienza la «fiebre del oro»: más de cuatro mil afroamericanos libres se trasladan a California para buscar pepitas de oro.

1850:

Nace el primer sindicato de trabajadores de Nueva York: The American League of Coloured Workers.

1852:

La cabaña del tío Tom, una novela escrita por Harriet Beecher Stowe, se convierte en uno de los referentes culturales de la campaña por la abolición de la esclavitud.

1865:

El 1 de febrero, el presidente Abraham Lincoln firma la decimotercera enmienda de la Constitución de los Estados Unidos, que declara la esclavitud como una actividad ilegal en todo el país. El 14 de abril, el actor John Wilkes asesina a Lincoln. El 24 de diciembre, nace en Pulaski, Tennessee, la primera célula del Ku Klux Klan (KKK), una sociedad anónima de hombres enmascarados que ataca a los esclavos afroamericanos que han obtenido la libertad.

1871:
El Congreso aprueba la Federal Rights Act, una ley que protege los derechos de los ya cuatro millones de afroamericanos contra los ataques del Ku Klux Klan.

1873:
El Congreso federal cuenta con siete miembros de origen africano.

1881:
En casi todos los Estados Unidos se aprueba la ley que obliga a diferenciar los vagones y espacios para los pasajeros blancos y para los negros en los trenes y los autobuses de línea.

1917:
El 28 de julio, casi cien mil afroamericanos desfilan en silencio por las calles de Nueva York en lo que se considera la primera manifestación en masa por los derechos civiles de la población negra.

1919:
El Ku Klux Klan vuelve a azotar el estado de Georgia y, al cabo de pocos meses, reaparece también en otros veintisiete estados.

1920:
El 26 de agosto, el Congreso vota la enmienda que concede el derecho al voto a las mujeres, pero los hombres y las mujeres negros no tienen aún acceso a las urnas en muchos estados meridionales.

1921:
En Tulsa, un grupo de supremacistas blancos incendia y destruye el barrio de predominancia negra de Greenwood, lo que provoca la muerte de, al menos, trescientas personas y destruye cientos de casas y negocios.

1936:

El atleta afroamericano Jesse Owens gana cuatro medallas de oro en las Olimpiadas de Berlín. Adolf Hitler, a quien le habría gustado demostrar la teoría de la supremacía aria mediante los resultados de esta competición, abandona el estadio antes de la entrega de los premios.

1945:

El 25 de abril se fundan las Naciones Unidas en San Francisco. Los cincuenta y un países fundadores, los aliados que salen victoriosos de la Segunda Guerra Mundial, se unen con el objetivo común de promover los derechos humanos.

1948:

La Corte Suprema de California deroga la ley que prohíbe los matrimonios interraciales.

1954:

La Corte Suprema declara anticonstitucional la segregación y la separación de los estudiantes negros de los blancos en las escuelas públicas de todos los estados.

1955:

El 1 de diciembre, Rosa Parks, una estudiante negra, se niega a ceder su asiento a un blanco en la línea de autobús de Montgomery, Alabama, dando así inicio al boicot de autobuses de Montgomery. Al reverendo Martin Luther King, de veintisiete años, lo escogen como líder del movimiento por la conquista de la igualdad de derechos civiles.

1957:

En septiembre, el presidente Dwight D. Eisenhower manda a las tropas federales a la apertura de la Central High School de Little Rock, en Arkansas, para escoltar a nueve niños y niñas negros en su primer día de colegio tras la derogación de la segregación racial en las escuelas.

1960:

El senador John F. Kennedy gana las elecciones presidenciales contra Richard Nixon por un puñado de votos: los analistas atribuyen su victoria a los nuevos votantes afroamericanos.

1963:

Tras varios episodios de violencia por parte de grupos de ciudadanos blancos y fuerzas policiales contra la población negra, el 28 de agosto más de doscientas mil personas se reúnen en Washington D. C. y realizan la mayor marcha por los derechos humanos acontecida hasta ese momento. Allí, el reverendo Martin Luther King pronuncia su famoso discurso *I have a dream*. Dos semanas más tarde, la iglesia bautista de Birmingham, Alabama, salta por los aires debido a un atentado racista en el que mueren cuatro niños afroamericanos de entre once y catorce años. El 22 de noviembre, en Dallas, un pistolero solitario —nunca se descubrió la identidad de sus cómplices— asesina al presidente Kennedy durante un desfile.

1964:

El 2 de julio, el Congreso vota la Civil Rights Act, que erradica toda discriminación racial, religiosa y de género también en el ámbito laboral, y establece la Comisión por la Igualdad de Oportunidades de Enseñanza. A Martin Luther King le conceden el Premio Nobel de la Paz.

1965:

El 21 de febrero, asesinan a Malcolm X, activista por los derechos humanos, en Nueva York. Condenan a tres miembros del movimiento Nación del Islam, al que pertenecía hasta un año antes, por el atentado.

1966:

En octubre, dos estudiantes, Bobby Seale y Huwey P. Newton, fundan oficialmente el partido de los Black Panther, en California, con el objetivo de rebelarse contra la incesante violencia hacia la minoría negra.

1968:

Asesinan a Martin Luther King en Memphis, Tennessee. Estallan revueltas en más de ciento veinticinco ciudades. Tres estudiantes negros del South Carolina State College son asesinados por la policía en lo que pasará a la historia como la Masacre de Orangeburg.

1986:

El director Spike Lee inaugura el género cinematográfico de los *black films* con *She's gotta have it.* Se trata de películas que abordan temas del día a día de los afroamericanos.

1992:

En California, una jueza absuelve a cuatro policías a los que se acusaba de haber hecho un uso excesivo de la fuerza y haber matado a Rodney King, un camionero afroamericano, durante un control de carreteras. El vídeo de la paliza mortal, grabado por las cámaras de seguridad, da la vuelta al país y provoca una revuelta en Los Ángeles que dura tres días. Al hacer balance, se contabilizan cincuenta muertos, dos mil heridos y ocho mil detenidos.

1993:

La escritora afroamericana Toni Morrison gana el Premio Nobel de Literatura.

1997:

Kofi Annan se convierte en el primer secretario general de las Naciones Unidas de origen africano.

2001:

George W. Bush forma el Gobierno con el mayor número de integrantes afroamericanos de la historia: Colin Powell como secretario de Estado, Condoleezza Rice como consejera de Seguridad Nacional y Roderick Paige como secretario de Educación.

2008:
El 4 de noviembre, el senador Barack Obama sale elegido presidente de los Estados Unidos y se convierte en el primer presidente afroamericano de la historia del país.

2012:
En Florida, George Zimmerman mata a tiros a Trayvon Martin, un adolescente negro de diecisiete años que va desarmado. En 2013, cuando liberan a Zimmerman, nace el movimiento Black Lives Matter, que comenzó como un simple *hashtag* en las redes sociales: #blacklivesmatter.

2014:
Eric Garner muere estrangulado por la policía en Staten Island, Nueva York. En un vídeo que salió a la luz tras su muerte, se escucha como Garner repite también la frase «I can't breathe» —«No puedo respirar»—. En agosto, Michael Brown, de dieciocho años, muere tiroteado durante un control en Missouri. Tamir Rice, de doce años, también muere a manos de la policía: se trata de un niño que lleva una pistola de juguete. Con este panorama, Black Lives Matter se convierte en una campaña oficial en toda regla contra la violencia hacia la población afroamericana.

2015:
Un supremacista blanco irrumpe en una iglesia del estado de Carolina del Sur y mata a tiros a nueve afroamericanos que se encuentran allí rezando.

2017:
Una multitud de supremacistas blancos marchan por las calles de Charlottesville, Virginia, mientras entonan proclamas racistas y antisemitas. Uno de los manifestantes atropella y mata a una mujer, Heather Heyer, que contraprotestaba —es decir, mostraba su disconformidad contra los eslóganes de los manifestantes—. Los estadounidenses se dividen cuando el presidente Donald Trump declara que «hay personas buenas en ambas partes».

2020:

La pandemia de COVID se ceba con la población afroamericana y las minorías étnicas, y no solo en los Estados Unidos. A Ahmaud Arbery, un negro de veinticinco años que ha salido a correr por la ciudad de Brunswick, en Georgia, lo mata un grupo de tres hombres blancos sin razón aparente. Aunque existe un vídeo del asesinato, a los culpables no los detienen hasta que pasan setenta y cuatro días. En la ciudad de Louiseville, en Kentucky, la enfermera de veintisiete años Breonna Taylor es asesinada de diez tiros mientras duerme en su habitación por unos agentes de policía de paisano que llevan a cabo una redada antidrogas. En Minneapolis, George Floyd muere asfixiado durante su detención por haber utilizado un supuesto billete falso, pese a haber repetido decenas de veces «I can't breathe». Las protestas contra la policía y la violencia contra la población afroamericana incendian las calles de los Estados Unidos. El movimiento Black Lives Matter adquiere escala global.

CAPÍTULO 3

LA LÍNEA
ROJA

LOS EFECTOS ECONÓMICOS
DE LA DISCRIMINACIÓN

¿Por qué si la Constitución de los Estados Unidos recoge que no debe existir la discriminación en función de la raza, la realidad sigue siendo tan increíblemente distinta? Si en 1964, trescientos cincuenta años después del comienzo de la esclavitud en América del Norte, se firmó la Civil Rights Act, que condenaba todo tipo de acción racista, ¿qué continúa provocando estas enormes diferencias entre la población blanca y la negra?

Los sociólogos, aquellos que pretenden comprender el comportamiento de la sociedad en la que vivimos, han intentado responder a estas preguntas y han concluido que existen varias respuestas, aunque todas se remontan al motivo original, el que permitió que se transportaran a hombres y mujeres como mercancías con los primeros navíos españoles a finales del siglo XVI: razones económicas. No solo en el caso de los afroamericanos, también en el de la mayor parte de la población mundial que ha sufrido a lo largo de la historia y sigue sufriendo en sus pieles explotación, prevaricación territorial —que los expulsen de su propia tierra— y violencia por pertenecer a una nacionalidad o grupo étnico, la razón por la que sufren estas condiciones se debe a que cualquier persona con un poder de negociación mayor quiere disfrutar de su ventaja competitiva para crecer. Por lo tanto, quiere adquirir más territorios, más fuentes de recursos —África es uno de los continentes en los que más abundan los metales o los minerales preciosos— o pasajes territoriales útiles para ampliar su negocio, además de mano de obra a prácticamente coste cero.

En el caso concreto de los afroamericanos en los Estados Unidos, la historia de la explotación económica comenzó con la trata de esclavos. Tras el descubrimiento de las Indias Occidentales —el nombre con el que bautizaron los españoles la actual América Central tras la llegada de las carabelas de Cristóbal Colón en 1492—, el rey de España autorizó a los comerciantes la venta de seres humanos para que trabajaran en los campos y la construcción de ciudades en las colonias. Cuando los europeos —desde los ingleses hasta los franceses, pasando por los holandeses— colonizaron América del Norte, el mercado de los esclavos se convirtió en uno de los negocios más lucrativos de la época. El primer mercado público —un lugar físico en el que vendían a los seres humanos como si fueran caballos o gallinas— se creó en 1711, en la misma zona sobre la que ahora se alza Wall Street, la sede de la bolsa de valores de los Estados Unidos. La vida de un afroamericano no valía lo mismo que la de un blanco, hasta el punto de que, en algunos estados, ni siquiera se consideraba un homicidio que un blanco matase a un esclavo. Con el paso de los años, tras la guerra de la independencia de las colonias americanas —en la que los afroamericanos, tanto esclavos como libres, combatieron en el bando de los independentistas— y las revueltas civiles de la segunda mitad del siglo XX, los afroamericanos han conquistado derechos civiles paso a paso hasta conseguir, en la actualidad, los mismos derechos y deberes que el resto de ciudadanos de los Estados Unidos. Sin embargo, existe lo que los angloparlantes denominan *gap,* una brecha muy peligrosa que te puede hacer caer al vacío y que se impone con fuerza. Además, prejuicios y psicología supremacista aparte, los sociólogos han identificado las causas principales en los mecanismos económicos que, cifras en mano, no permiten que se materialice la verdadera igualdad de derecho.

Pongamos un ejemplo concreto: piensa en la casa en la que vives. Tus padres tuvieron que trabajar para pagarla y, algún día, se convertirá en un capital que os permitirá invertir en tu educación superior y te asegurará un futuro. Los economistas tienen un nombre para la adquisición de una primera vivienda por parte de una familia joven: se trata de poner el pie sobre el primer peldaño de la escala económica y, por lo tanto, social. En las economías occidentales, acceder a una primera vivienda es un paso fundamental para la estabilidad de las personas, pero, por lo general, se necesitan dos elementos: un capital —suele ser un préstamo que se le pide al banco mediante lo que se llama hipoteca— y un trabajo estable para pagar las cuotas. Para la población estadounidense blanca, este mecanismo ha funcionado sin grandes problemas durante la mayor parte del siglo XX, pero a la población afroamericana se le ha negado, o, cuanto menos, se le han puesto más pegas.

Por lo tanto, existen varias acciones discriminatorias —las que han permitido que los negros reciban un trato diferente a los blancos— que han provocado un efecto dominó. Una de ellas tiene un nombre muy concreto: *redlining*, la línea roja. Desde 1930 hasta 1969, el año en el que se prohibió esta práctica, los bancos trazaban rayas en los mapas de las ciudades para delimitar las zonas con mayor densidad de población negra: quien vivía en el interior de la línea roja, no tenía acceso —o sí, pero con muchas trabas— a las hipotecas para acceder a una primera vivienda. Aunque hayan pasado ya cincuenta años desde que se declaró ilegal esta práctica, todavía existen ciertos barrios que siguen en la otra parte de la línea roja y en los que imperan las dificultades económicas. Las consecuencias de esta discriminación inicial aún calan en la población negra, ya que no poder subir a ese primer peldaño económico ha ralentizado muchísimo las posibilidades de crecer en la escala social a millones de familias de afroamericanos y, por lo tanto, ha dificultado el acceso a una educación superior o un trabajo mejor remunerado para las generaciones posteriores. Estos hechos y datos, unidos a los prejuicios y a la herencia de la cultura supremacista blanca, han provocado que las desigualdades económicas y el racismo sigan vigentes en la actualidad.

CAPÍTULO 4

EL SUPREMACISMO BLANCO

LA RETORCIDA IDEOLOGÍA QUE SUSTENTA EL RACISMO

El supremacismo blanco, también llamado «poder blanco», es una ideología —es decir, una forma de pensar que comparte un grupo concreto de personas— basada en la convicción de que los hombres blancos son superiores al resto de grupos étnicos; no solo los negros, sino también los judíos, los nativoamericanos, los latinos o los asiáticos. Esta forma de pensar se materializa en acciones más o menos evidentes cuando los supremacistas cometen actos racistas o discriminatorios en la vida cotidiana —como, por ejemplo, impedir de forma activa que otra persona ascienda en un puesto de trabajo solo por no tener la piel blanca—, pero también cuando se manifiestan de forma violenta contra las minorías. Las asociaciones que defienden esta ideología suelen organizar atentados en toda regla para reafirmar su convicción de que los negros, o los inmigrantes en general, no deben tener los mismos derechos que la población blanca y que las minorías deben ser exterminadas para «dejar espacio a la raza superior».

En 2010, el Departamento de Seguridad Interna de los Estados Unidos y el FBI emitieron una alarma: la violencia supremacista se había convertido en la principal forma de terrorismo doméstico —es decir, que no proviene de otros países—. Esto significa que los actos violentos y los atentados cometidos por los ciudadanos estadounidenses se vinculan en su mayor parte a esta corriente de odio racial.

A nivel global, el mensaje de odio y racismo de los grupos supremacistas, la difusión de material de propaganda ideológica e incluso la financiación ilegal para adquirir armas con las que cometer sus actos violentos se suelen tramitar en las redes sociales. Según las autoridades de control de la actividad terrorista de todo el mundo, en los últimos ocho años las cuentas vinculadas a esta realidad han aumentado de forma exponencial y hoy se cuentan por cientos de miles.

En julio de 2011, en Oslo y en la isla de Utoya, en Noruega, el supremacista blanco Anders Breivik asesinó a setenta y siete personas. En 2019, enardecido por el aumento de la propaganda, el movimiento supremacista cometió atentados por todo el mundo, como el que provocó la muerte de decenas de musulmanes que rezaban en la mezquita de Christchurch, en Nueva Zelanda.

La organización supremacista más célebre de la historia fue el Ku Klux Klan, pero los principios de la supremacía de la raza los profesaron a nivel mundial dos personajes muy conocidos: Benito Mussolini y Adolf Hitler. El dictador italiano y el alemán convirtieron la superioridad de la raza en la base de su política fascista y nazi durante la Segunda Guerra Mundial, y sus leyes y acciones militares culminaron con el Holocausto, el genocidio judío de Europa. Los principios de violencia y purificación de la raza se comparten hasta tal punto que estas organizaciones se suelen reunir pese a provenir de lugares geográficos muy distintos y perseguir objetivos locales y concretos. Es bastante común ver desfilar a grupos neonazis juntos en un arrebato de nostalgia hacia el Ku Klux Klan. En 2017, un supremacista blanco atropelló y asesinó a una mujer que participaba en la contramanifestación que se organizó como respuesta a una marcha neonazi y racista celebrada en Charlottesville, Virginia. Para comprender hasta qué punto el poder blanco es un tema de actualidad, basta con recordar lo que ocurrió el 6 de enero de 2021 cuando un grupo de extremistas que cuestionaba los resultados de las elecciones presidenciales irrumpieron en la sede del Gobierno de los Estados Unidos, en Washington D. C. Algunos de los detenidos eran amigos de los mismos grupos de supremacistas blancos que habían desfilado juntos en Charlottesville tres años atrás. Las imágenes contrastaban con las de unos meses antes, cuando, tras el asesinato de George Floyd, miles de personas marcharon frente a la sede del Capitolio y fueron recibidos por un amplio dispositivo del Ejército y los antidisturbios. ¿Doble rasero? Esto mismo se preguntaron los principales medios de comunicación estadounidenses. De nuevo, el #blacklivesmatter cobró fuerza.

KU KLUX KLAN: LA MÁSCARA DEL ODIO RACIAL

El nacimiento del primer grupo oficial de supremacistas blancos se remonta a bastante antes de que se inventaran las redes sociales, en concreto a 1865, cuando un grupo de veteranos de la guerra de la independencia se reunieron la víspera de Navidad en la ciudad de Pulaski, Tennesse, para fundar la primera célula del tristemente célebre Ku Klux Klan: una asociación anónima de hombres enmascarados que, desde sus comienzos, organizaron incursiones violentas, palizas y homicidios a los primeros afroamericanos libres.

El KKK, como se abreviaba en las crónicas de la época, se concibió para silenciar las leyes que pretendían regular la violencia más flagrante hacia la población negra a finales del siglo XIX. Sin embargo, volvió a florecer a principios de 1920, alentado por el estreno de la película *El nacimiento de una nación,* en la que aparecían los típicos trajes blancos con capuchas para cubrir el rostro y las cruces de fuego: desde entonces, aquellos trajes de la ficción se adoptaron en la realidad. El KKK comenzó a crecer con esta nueva imagen hasta el auge de su popularidad, a mediados del siglo XX, cuando protagonizaba las crónicas de forma habitual. En los años 50 del siglo pasado, por ejemplo, en el punto álgido de la violencia blanca supremacista, se registraron tantos casos de bombas arrojadas contra los hogares afroamericanos en Birmingham, Alabama, que los periódicos se referían a la ciudad como «Bombingham».

DESDE ÁFRICA A TODO EL MUNDO: LA HISTORIA DEL SER HUMANO A TRAVÉS DE LAS MIGRACIONES

Las migraciones naturales: el comienzo de la civilización

Hace 1,75 millones de años:

El *Homo erectus* comienza a trasladarse desde África hacia Eurasia —Europa y Asia actuales—.

Hace unos 150000 años:

El *Homo sapiens* ocupa todo el continente africano y empieza a expandirse fuera de él.

Hace 40000 años:

El *Homo sapiens* comienza a emigrar por Europa, Asia y, finalmente, llega a Oceanía.

Hace 20000 años:

El *Homo sapiens* atraviesa el extremo norte de Asia y llega hasta América septentrional y meridional.

700 a. C.:

Los antiguos griegos inician doscientos cincuenta años de expansiones y migraciones por las colonias del Mediterráneo, principalmente por Sicilia, el sur de Italia y Francia.

500 a. C.:

Las poblaciones turcas emprenden las migraciones por todo el sudeste europeo y Asia.

300 a. C.:

Periodo en el que se suceden las migraciones celtas desde Europa central hasta España, Inglaterra e Irlanda.

117 d.C.:

El Imperio romano alcanza su máxima expansión y funda asentamientos por toda Europa, Inglaterra, África del Norte y Oriente Medio.

300 d.C.:

Las poblaciones germánicas conquistan parte del territorio del Impero romano hasta precipitar su final en el año 476. Los movimientos de aquellos a quienes denominan «bárbaros» continúan hasta la Edad Media.

Las migraciones de la Edad Moderna: desde el tráfico de esclavos hasta las previsiones del Banco Mundial

Las primeras migraciones se debieron a la expansión natural de las poblaciones, que conquistaban y buscaban nuevos territorios más fértiles, pero las de los tiempos modernos atienden a la búsqueda de una fuente de sustento para uno mismo y el propio núcleo familiar, con razones de índole política y religiosas, migraciones por guerras, así como al mecanismo de la urbanización —el crecimiento de las ciudades—.

1500-1850:

La mayor migración de la historia moderna se debió al comercio de esclavos. La Atlantic Slave Trade está vigente durante trescientos cincuenta años (1500-1850), con doce millones de seres humanos alejados de sus hogares para satisfacer la necesidad de mano de obra de las potencias imperialistas europeas en las colonias. Los esclavos proceden principalmente del continente africano, y son transportados por el océano Atlántico en unos barcos destinados a tal efecto. Este es considerado uno de los negocios más lucrativos de la época.

Antes de 1900:

Los primeros años del siglo XX registran picos de inmigración en algunos países como Italia, Noruega, Irlanda y China (provincia de Cantón).

1910-1970:

Una vez prohibido el tráfico de esclavos, se produce una migración voluntaria de siete millones de africanos desde África hasta las regiones rurales del sur de los Estados Unidos.

1918-1945 —Primera y Segunda Guerra Mundial—:

Los genocidios y las persecuciones durante las guerras mundiales impulsan las migraciones, que, en estas circunstancias, se asocian a la necesidad de millones de personas de encontrar refugio político y humanitario. La población judía huye de toda Europa durante y después del Holocausto (1930-1945) para protegerse de las leyes raciales del nazismo y el fascismo. Se produce un pico de inmigración hacia el mandato británico de Palestina, en Oriente Medio. El tratado de Potsdam pone fin a la Segunda Guerra Mundial —se firma en 1945 entre los vencedores: los países aliados y la Unión Soviética— y crea el mayor flujo migratorio de la historia de Europa: veinte millones de personas se trasladan desde los países de Europa del Este hacia los de Europa occidental y los Estados Unidos.

1947: la disolución del Imperio británico de la India

Cuando los ingleses abandonan la colonia india, se crea un flujo de más de veinte mil personas que migran entre la India y Pakistán —y viceversa—. La población musulmana se traslada al nuevo territorio pakistaní —que, en la actualidad, se divide entre Pakistán y Bangladés— y los hindúes y los sij se concentran en el nuevo territorio independiente indio. El clima de hostilidad y recelo entre los dos nuevos países, que antes formaban parte del Imperio británico, provoca la muerte de casi dos millones de personas que huye en ambas direcciones.

Hoy en día, la migración circular —la que se produce de forma cíclica en el interior de un mismo país y que mueve la economía entre las regiones— es particularmente impresionante en la India, con cien millones de migrantes en movimiento continuo. Esto provoca problemas considerables a la hora de reclamar los derechos al hogar, a la asistencia sanitaria y a la educación de esta gran parte de la población.

De 2013 a la actualidad:

En 2013, se acentúan los fenómenos migratorios desde África del Norte y Oriente Medio hacia Europa, con miles de migrantes que huyen de unas condiciones económicas desastrosas, violencia, corrupción y desestabilidad política. Esto pone al límite el sistema social europeo, con el aumento de la tensión entre la población local y el resurgimiento de movimientos xenófobos —es decir, que temen a los extranjeros— y racistas. En Asia, por otra parte, cientos de miles de rohinyá —etnia de religión musulmana procedente de una zona del estado de Myanmar— huyen de la violencia militar y buscan refugio en el país vecino, Bangladés. En la actualidad, doscientos cincuenta y ocho millones de personas —el 3 % de la población mundial— viven fuera de su país de origen.

2050, la previsión:

Según el último informe del Banco Mundial, en 2050 más de ciento cuarenta y tres millones de personas se convertirán en «migrantes climáticos», es decir, personas que migran para huir de la sequía, las inundaciones, el aumento del nivel del mar y otros efectos del cambio climático. En su mayoría, se tratará de migraciones internas en la zona del África subsahariana, el Sudeste Asiático o América Latina. Esto ejercerá una presión enorme sobre las zonas urbanas y pondrá a prueba su resistencia en términos sanitarios, educativos y de bienestar general —es decir, el conjunto de elementos que un Gobierno garantiza a su población para que lleve una vida digna: atención médica, educación y hogar—.

EL VIAJE

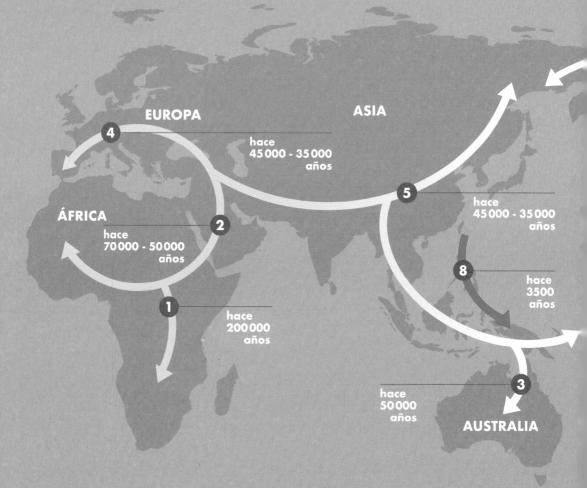

Hace más de sesenta mil años, nuestros antepasados comenzaron a desplazarse entre continentes para abandonar los territorios que se habían vuelto inhabitables debido a causas climáticas y ambientales y trasladarse a territorios más fértiles: desde África hasta Eurasia, y desde allí hasta América.

Sin embargo, estos cambios y los desplazamientos relacionados con ellos se sucedieron a lo largo de miles de años, mientras que ahora estamos asistiendo a una migración nunca vista en tan solo una generación, veinticinco años. Los científicos y los economistas ya la describen como «la tormenta perfecta».

CONTINÚA

AMÉRICA
DEL NORTE

6

hace
20000 - 15000
años

OCÉANO PACÍFICO

hace
2500
años

9

AMÉRICA
DEL SUR

7

hace
15000 - 12000
años

hace 200000   50000   20000   2500 años

CAPÍTULO 5

LA GRAN EXCUSA

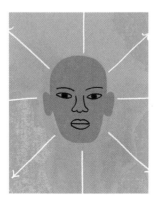

¿POR QUÉ EL RACISMO
NO TIENE RAZÓN DE SER?

Basta esgrimir un solo concepto científico para comprender que el racismo no tiene razón de ser: según las investigaciones genéticas más avanzadas, todos los seres humanos que habitan la Tierra proceden de África. No importa el color de nuestra piel, la lengua que hablemos o la parte del mundo en la que hayamos nacido o crecido: en lo más profundo de nuestro ADN, todos somos africanos.

La discriminación o distinción entre razas es un concepto relativamente reciente que nació cuando determinadas poblaciones se dispusieron a conquistar nuevos continentes y construir colonias comerciales y tuvieron que buscar una excusa para someter y explotar a las personas a gran escala, de forma sistemática y sin que nadie se hiciera demasiadas preguntas, al menos a corto plazo. El tráfico de esclavos desde África hacia América Central y América del Norte que comenzaron los españoles a finales del siglo XVI constituyó el momento crucial en el que se definió el concepto de que los negros —o los no cristianos— no podían ser hombres libres. Hace siglos, no era así. En tiempos de los antiguos egipcios y los romanos ya existían esclavos —siempre con la premisa de obtener mano de obra (también especializada) a bajo coste—, pero no en función de la raza. Por lo general, se trataba de prisioneros de guerra, y procedían de toda Europa y de los países del Mediterráneo: España, Alemania, Gran Bretaña, Grecia. Su estatus de *servus* —el término en latín— se debía a una derrota militar, no al color de la piel. Los esclavos europeos, de hecho, eran de tez más clara que sus *domini* o patrones romanos. Para comprender que todos procedemos del continente africano, basta con observar la reconstrucción del flujo de las migraciones originales, las que, desde que el ser humano existe, han llevado al *Homo erectus* primero y al *Homo sapiens* después a recorrer cientos de miles de kilómetros por toda Europa, Asia, América y Oceanía. Los grupos originales partieron de África, que, debido a esto, se ha denominado la «cuna de la humanidad». Durante este viaje de miles de años, surgieron diferentes mutaciones genéticas entre los grupos, y cuanto más tiempo pasaba una población separada de otra, más se acentuaban. En pocas palabras: los hombres y las mujeres comenzaron a presentar características somáticas —físicas— similares entre los grupos más cercanos y diferentes con respecto a los que se separaron miles de años atrás.

Existen infinitas razones y combinaciones genéticas que han permitido la evolución de los rasgos particulares que conocemos en los grupos étnicos actuales. La mayor parte de las diferencias se deben a la latitud, la posición con respecto a la línea del ecuador, donde se concentran las mayores radiaciones solares. Cerca de esta, las mutaciones permitieron el desarrollo de una tonalidad de piel más oscura para protegerse de los rayos ultravioletas; sin embargo, más cerca de los polos, la piel clara ayudó al organismo a absorber la cantidad justa de vitamina D de un sol que llegaba con menor intensidad. Este es un resumen muy simple de la diversidad de colores de piel que habitan la Tierra.

La ciencia ha ayudado a comprender este viaje, el recorrido que ha llevado al ser humano a adoptar tantas características distintas, pero también se ha usado en varias fases de la historia más reciente para intentar justificar los principios de la discriminación racial. Hay decenas de tentativas de demostrar —aunque siempre sin aportar datos ni resultados científicamente válidos— que los matrimonios interraciales, por ejemplo, crearían generaciones nuevas más débiles o con un coeficiente intelectual inferior o que ciertas poblaciones gozarían de mayor salud física y mental y, por lo tanto, más deseables desde el punto de vista social. Tras la Segunda Guerra Mundial, cuando los preceptos de la raza pura habían causado ya millones de muertes en Europa, las Naciones Unidas dictaminaron de forma tajante que no existe ninguna explicación, y menos científica, que justifique la existencia del racismo, y recalcaron que todos los seres humanos tenían los mismos derechos.

En la actualidad, con la esclavitud asociada al color de la piel relegada por fin de la historia y tras la declaración de las Naciones Unidas de que no existen bases de ningún tipo para considerar ni tratar de forma distinta a las poblaciones de distintos orígenes, ¿cuáles son los motivos que cimentan la discriminación racial? Hay muchas razones, y casi siempre se superponen. Hay quien afirma que se debe a una necesidad psicológica de los individuos: pensar que alguien vale menos que nosotros es la mejor forma de no tener que demostrar nuestra verdadera valía, de escondernos tras nuestros fracasos. Otros se adscriben a una esfera más amplia, la sociopolítica: hacer que la población tenga miedo de alguien, de quien sea. Mantener alta la percepción del peligro ligado a la seguridad o alimentar la incertidumbre con respecto a la disponibilidad de los bienes y servicios permite ocultar que quien gobierna no está capacitado para encontrar una solución adecuada a las necesidades de la población y achacar la culpa a «otros que son distintos a nosotros». Se trata de un instrumento de control implícito e impalpable que se ha usado —y se usa— en todas las formas de gobierno, incluso en las grandes democracias.

Pero el racismo es, sobre todo, algo muy sutil y peligroso. Según una de las grandes intelectuales afroamericanas, Toni Morrison, ganadora del Pulitzer (1988) y del Nobel de Literatura (1993): «La verdadera función del racismo es la distracción. Te impide concentrarte en tu vida, te obliga a explicar una y otra vez tu razón de existir».

YOU ARE ON STOLEN LAND

DECOLONIZE YOUR MIND!

CAPÍTULO 6

UN PROBLEMA
GLOBAL

COMBATIR
EL RACISMO MÁS ALLÁ
DE LAS FRONTERAS

La música, las películas, las series de televisión, los documentales, los titulares de los periódicos... Durante los últimos años, el movimiento Black Lives Matter ha puesto el foco de atención en lo difícil que aún resulta tener la piel oscura en los Estados Unidos. Como dicen quienes han analizado esta tendencia, la realidad estadounidense se ha impuesto sobre el *storytelling*, la narrativa del problema.

Los episodios de violencia policial, la muerte de George Floyd y las protestas que estallaron en todo el país tras aquella noche de mayo en la que el afroamericano de cuarenta y seis años dejó de respirar y el *hashtag* #Icantbreathe se compartió millones de veces en las redes sociales junto al de #blacklivesmatter, atrajeron la atención de la opinión pública internacional. El largo historial de explotación de la población afroamericana, desde los mercados de esclavos de las primeras colonias hasta la discriminación y la persecución del siglo pasado, han hecho el resto. Sin embargo, el racismo sistémico no se limita a los Estados Unidos; todo lo contrario. Existen muchísimos países en el mundo que registran discriminación y desigualdad de trato hacia la población negra y las minorías étnicas en general.

En Canadá, concretamente en Toronto, los negros son víctimas del 37 % de los enfrentamientos mortales con la policía pese a representar tan solo un 1,8 % de la población total.

En la lejana Australia, quienes sufren una situación de desequilibrio y desigualdad son los aborígenes. Llevan sesenta y cinco mil años habitando el continente, pero los expulsaron de las zonas costeras —las que ofrecen el mejor clima para el desarrollo de los asentamientos humanos y la actividad agrícola— desde que desembarcaron los primeros colones ingleses e irlandeses, capitaneados por James Cook en 1770. Mientras los europeos blancos construían colonias que se desarrollarían hasta convertirse en las grandes ciudades australianas de la actualidad, en parte gracias al impulso de la fiebre del oro a mitad del siglo XIX, los aborígenes se vieron cada vez más confinados hacia el interior, una zona extremadamente difícil de habitar debido al clima. Además de armas con las que imponer su supremacía sobre la población indígena, los ingleses y los irlandeses portaron una serie de virus y enfermedades, como la viruela, la varicela, la gripe o la sífilis, que produjeron epidemias durante décadas entre unos indígenas que jamás se habían expuesto a ellos y diezmaron a la población. Hasta 1976, cuando se firmó la Aboriginal Land Rights Act, a los nativos australianos no se les concedió un reconocimiento de sus derechos territoriales; y solo en la actualidad se han llevado a cabo iniciativas para acercarse al arte y a la cultura de esta antigua civilización. Pese a todo, las secuelas del pasado y el resurgimiento de nuevos movimientos de supremacistas blancos en todo el mundo han vuelto el tema de rabiosa actualidad en Australia.

Sudáfrica, un símbolo internacional en la batalla contra la segregación racial debido a su lucha contra el *apartheid* y a la historia de Nelson Mandela, es otro país que ha protagonizado grandes cambios en los últimos tiempos, aunque muy complicados de materializar y aún en proceso de estabilización. También encontramos una sorprendente presencia de racismo sistémico en el continente que posee las democracias más famosas y antiguas del mundo: Europa. Tras la oleada del Black Lives Matter, la Red Europa contra el Racismo llevó a cabo varias investigaciones que arrojaron unos datos muy interesantes. En el informe que publicaron en 2018, *Racism and discrimination in employment in Europe* —«Racismo y discriminación laboral en Europa»—, se demostró que todas las minorías étnicas —en Alemania, la población de piel oscura ronda los nueve millones de ciudadanos— sufrían una «discriminación laboral significativa en el aspecto económico, y las mujeres son más vulnerables que los hombres a la desigualdad». Además, pese a que existen leyes concretas para combatir la discriminación, no existe un control adecuado a la hora de su aplicación.

En Bélgica, por ejemplo, si buscas empleo y envías un currículum con nombre extranjero, tienes un 30 % menos de posibilidades de que te llamen para una primera entrevista que si incluyes un nombre flamenco —es decir, ligado a la historia local—.

En Dinamarca, Inglaterra y España contratan a muchos extranjeros para que asuman puestos de trabajo infracualificados para su formación, por lo que existen poquísimos directivos de alto nivel que provengan de minorías étnicas.

En Alemania, la población de origen africano percibe hasta un 25 % menos de salario con respecto a la media nacional.

En Italia y Grecia, el informe destaca la existencia del trabajo ilegal, y los salarios son prácticamente inexistentes para la población que emigra de países africanos, por lo que, al vivir en la sombra, se ve más expuesta a la violencia y las injusticias.

Por último, en Francia, según un sondeo del Consejo Europeo, un joven con rasgos somáticos africanos o árabes tiene hasta veinte veces más posibilidades de que lo pare la policía que cualquier otro ciudadano francés.

Entre los pasos que puede dar Europa para intentar solventar esta situación, se halla el de la representación política: solo veinticuatro de los setenta y cinco delegados del Parlamento Europeo —es decir, un 3 %— son de piel oscura o etnia asiática, pese a que esta minoría representa a más del 10 % de la población total del continente europeo.

CAPÍTULO 7

NELSON MANDELA

EL «ALBOROTADOR» QUE SALVÓ SUDÁFRICA

El 18 de julio de 1918, en Mvezo, una pequeña aldea de Sudáfrica, nació un niño cuyo nombre en dialecto local lo definía a la perfección: Rolihlahla, que significa 'alborotador' o 'pendenciero'. Nadie habría imaginado que el pequeño Rolihlahla se convertiría en la persona que pondría fin a la segregación racial, al *apartheid* —una palabra en afrikáans que significa 'separación'—, en el país símbolo de la lucha por los derechos de la población negra africana.

Mandela, que adoptó el nombre de Nelson cuando entró en la Universidad de Fort Hare, donde estudió Derecho de joven —antes de que lo expulsaran por haber participado en una manifestación estudiantil—, se convertiría, además, en el preso político más famoso del mundo, ya que pasó veintisiete años encerrado en una celda por su lucha pacífica contra el supremacismo blanco en Sudáfrica. Esto le valió un Premio Nobel de la Paz en 1993. Además, salió elegido presidente del país desde 1994 hasta 1999.

Desde el siglo XVIII, Sudáfrica había atraído a los colonos europeos —con los holandeses a la cabeza— por la riqueza de sus terrenos fértiles y su subsuelo.

Los afrikáner, como se les llamaba a los colonos blancos originales que provenían de Holanda, gobernaban Sudáfrica durante las leyes de segregación racial del National Party. Mandela fundó en 1944 el African National Congress (ANC), un partido cuya finalidad era poner fin a dicha situación de injusticia. Su oposición pacífica se saldó con su primera detención, en 1952. Durante los años posteriores, el ANC se involucró en acciones de sabotaje que provocaron una respuesta violenta por parte de las fuerzas policiales —la más famosa fue la masacre de Sharpeville, el 21 de marzo de 1960, una fecha que, en la actualidad, se celebra en Sudáfrica como el día de la eliminación de la discriminación racial—. A Mandela lo volvieron a detener en 1962 y lo condenaron a cadena perpetua el 12 de junio de 1964 en la cárcel de máxima seguridad de la isla de Robben, a las afueras de Ciudad del Cabo, la capital. Pasó veintisiete años en prisión.

En los años ochenta, la diplomacia internacional aisló a Sudáfrica porque se consideraba un país racista y Mandela un preso político. El presidente blanco de por aquel entonces, Frederik Willem de Klerk, tuvo que ceder a las presiones de otros países y liberar a Mandela sin cargos, lo que sucedió el 11 de febrero de 1990. Mandela tenía ya setenta y dos años, y poco después se convirtió en el presidente del ANC. Puso fin a las iniciativas violentas del partido y entabló diálogo con Willem de Klerk para disipar el riesgo de una guerra civil entre la población blanca y la negra, que cada vez parecía más inevitable.

Este esfuerzo les valió a ambos, a Mandela y a Willem de Klerk, el Premio Nobel de la Paz en 1993 por poner fin al *apartheid* y haber sentado los cimientos de una democracia en Sudáfrica. El 27 de abril, se celebraron las primeras elecciones democráticas del país, donde todos los ciudadanos votaron sin distinción de raza.

Ganó el ANC con el 62% de los votos, y eligieron presidente a Mandela, que pasó a la historia como un presidente sabio y pacífico, que demostró también una gran capacidad de perdonar con la fundación en 1995 de la Truth and Recociliation Commision —la Comisión por la Verdad y la Reconciliación— para juzgar sin ánimo de venganza los crímenes cometidos por los gobernantes durante el régimen del *apartheid*.

Rolihlahla, el alborotador, murió a los noventa y cinco años en su cama, el lecho de un hombre libre, el 5 de diciembre de 2013, tras haber salvado a su país de la segregación racial y haber cambiado para siempre la percepción del racismo institucional en todo el mundo.

Las bases contra el racismo: la Declaración Universal de los Derechos Humanos

El 10 de diciembre de 1948, los países vencedores de la Segunda Guerra Mundial se reunieron para definir una carta común que recogiera los principios fundamentales de los derechos humanos. Muchos de ellos apelan a la igualdad sin distinción de raza o religión. A continuación, incluimos los más básicos:

Todos los seres humanos nacen libres e iguales en dignidad y derechos. [...] Toda persona tiene los derechos y libertades proclamados en esta Declaración, sin distinción alguna de raza, color, sexo, idioma, religión, opinión política o de cualquier otra índole, origen nacional o social, posición económica, nacimiento o cualquier otra condición.

Todo individuo tiene derecho a la vida, a la libertad y a la seguridad de su persona.

Nadie estará sometido a esclavitud ni a servidumbre; la esclavitud y la trata de esclavos están prohibidas en todas sus formas.

Nadie será sometido a torturas ni a penas o tratos crueles, inhumanos o degradantes.

Todos son iguales ante la ley y tienen, sin distinción, derecho a igual protección de la ley. [...]

Nadie podrá ser arbitrariamente detenido, preso ni desterrado.

Toda persona acusada de delito tiene derecho a que se presuma su inocencia mientras no se pruebe su culpabilidad, conforme a la ley y en juicio público en el que se le hayan asegurado todas las garantías necesarias para su defensa. [...]

Los hombres y las mujeres, a partir de la edad núbil, tienen derecho, sin restricción alguna por motivos de raza, nacionalidad o religión, a casarse y fundar una familia. [...]

Toda persona tiene derecho a la libertad de reunión y de asociación pacíficas. [...]

Toda persona tiene derecho al trabajo, a la libre elección de su trabajo, a condiciones equitativas y satisfactorias de trabajo y a la protección contra el desempleo. Toda persona tiene derecho, sin discriminación alguna, a igual salario por trabajo igual.

Toda persona tiene derecho a la educación. [...]

La educación tendrá por objeto el pleno desarrollo de la personalidad humana y el fortalecimiento del respeto a los derechos humanos y a las libertades fundamentales; favorecerá la comprensión, la tolerancia y la amistad entre todas las naciones y todos los grupos étnicos o religiosos; y promoverá el desarrollo de las actividades de las Naciones Unidas para el mantenimiento de la paz.

CAPÍTULO 8

EL CAMBIO DE PERSPEC-TIVA

CUANDO TAMBIÉN LOS EUROPEOS ESTUVIERON EN EL PUNTO DE MIRA DEL KKK

El racismo y la xenofobia son dos conceptos distintos que se suelen superponer. El racismo radica principalmente en la discriminación a causa de las características físicas, como el color de la piel o los rasgos somáticos. La xenofobia, por su parte, es el temor y el miedo a las personas diferentes solo por su procedencia geográfica, por el hecho de que vengan de más allá de las fronteras. El racismo, por lo tanto, es un concepto que defiende una distribución del poder en función del aspecto: los blancos tienen más poder que los negros —o que las poblaciones con una tonalidad de piel distinta a la de los blancos caucásicos— y hay que tratarlos en consecuencia. La xenofobia, sin embargo, es el nombre que adopta el sentimiento hacia cualquiera que venga de lejos, aunque tenga las mismas características físicas.

A veces cuesta distinguir estos dos conceptos porque casi siempre la xenofobia surge contra personas con la piel oscura, sobre todo inmigrantes o refugiados, y recae en la definición de racismo: con los flujos de personas en movimiento, estos dos conceptos se superponen y se retroalimentan. Lo que sucede en la actualidad con las personas que emigran a Europa principalmente desde África u Oriente Medio y en los Estados Unidos con los de América Central es una exacerbación del sentimiento xenófobo.

Existen varias herramientas para diferenciar entre buenas y malas actitudes, y la primera es conocer la Declaración Universal de los Derechos Humanos que redactaron el 10 de diciembre de 1948 los países vencedores de la Segunda Guerra Mundial, un conflicto cuya cifra de muertos giró en torno a los sesenta y sesenta y ocho millones y que provocó un sufrimiento indecible por culpa de las leyes raciales. Esta carta fundamental constituye la base para comprender los principios de la igualdad a nivel global.

Otra herramienta útil es el cambio de perspectiva: las poblaciones europeas también sufrieron el sentimiento xenófobo cuando protagonizaron una gran y continua migración hacia los nuevos continentes —sobre todo, América y Australia— durante todo el siglo pasado. Un símbolo de esta inversión del punto de vista es el islote que hay en el puerto de Nueva York: la isla de Ellis. Desde el 1 de enero de 1892, se convirtió en el lugar donde desembarcaban los inmigrantes europeos que cruzaban el océano Atlántico. La primera inmigrante que puso un pie en esta isla fue una niña irlandesa llamada Annie Moore. A lo largo de los sesenta y dos años posteriores, la sucedieron más de doce millones de personas, y el último en abandonar la isla fue un mercader noruego, Arne Petersen, en noviembre de 1954. La isla de Ellis conformaba la puerta de entrada a los Estados Unidos, y a los ocho millones de inmigrantes —en su mayoría, italianos, griegos, irlandeses, alemanes y escandinavos, húngaros, checos, polacos, turcos, sirios y mediorientales— que dejaban atrás países con escasas oportunidades económicas, cuando no sumidos en situaciones de hambruna y pobreza en toda regla, se les presentaba como «la gran promesa». La selección de los inmigrantes se basaba en los documentos que poseían y en su estado de salud física: los médicos que trabajaban en las oficinas de inmigración solo tenían seis segundos para determinar si el inmigrante podía entrar en el país o no. En caso de enfermedad o malformación grave, se le expulsaba.

En Australia se repitió la misma situación, aunque con centros que parecían auténticas cárceles, como el campo militar de Bonegilla, en la zona interior de Victoria, donde encerraron a los italianos y los griegos tras la Segunda Guerra Mundial. Vivían bajo techos de chapa, sofocantes en verano y gélidos en invierno, y provocaron varias revueltas que atrajeron la atención de las autoridades sobre las condiciones en las que se los mantenía.

Una vez superada la barrera de la inmigración, las poblaciones de inmigrantes europeos y mediorientales —posteriormente, también asiáticos y chinos, que continúan siendo víctimas del racismo— han afrontado un sinfín de sentimientos xenófobos. En los Estados Unidos, la iconografía del italoamericano se asociaba enseguida al estereotipo del mafioso que dirigía negocios turbios desde la parte de atrás de su restaurante, ampliando la brecha social entre la población local y aquellos a quienes apodaron despectivamente *dagos*.

El concepto de criminalidad más o menos organizada se extendió también a los inmigrantes griegos, irlandeses o chinos. Hasta hace muy poco, se seguían usando los apodos despectivos hacia estas poblaciones en la vida cotidiana del estadounidense o el australiano medio, hasta el punto de que los hijos de las primeras generaciones no quisieron aprender la lengua de su familia para mimetizarse mejor en la escuela y evitar el acoso y la persecución cultural. No se trataba solo de apodos ofensivos o de las peleas a puñetazos en el patio: en los Estados Unidos, por ejemplo, la comunidad que provenía del sur de Europa estaba en el punto de mira del Ku Klux Klan, junto a la población afroamericana, ya que tampoco se consideraba «suficientemente blanca».

Hay que cambiar la perspectiva y recordar que los conceptos de la raza, el color de la piel o el lugar de origen son relativos y que fomentan la justificación de la xenofobia: todos venimos de un país distinto al que llegaremos, todos hemos cruzado fronteras desconocidas en busca de una vida mejor.

CAPÍTULO 9

EL PRIVILEGIO BLANCO

LA VENTAJA INVISIBLE QUE OBSTACULIZA EL CAMBIO

Durante la época del colonialismo, con la esclavitud como motor del desarrollo comercial de los países europeos en su conquista del denominado «nuevo continente», desde América hasta la India, la maquinaria propagandística difundió el concepto de que las personas negras eran distintas y que, por lo tanto, había que darles un trato diferente. No todos los blancos participaban activamente en la violencia y la explotación de los negros, eso por descontado, pero la difusión de rumores y prejuicios tenía la función principal de conseguir la aprobación silenciosa de la mayoría. Este sistema puso las bases sobre las que se originó y se desarrolló, ya en aquella época, lo que los sociólogos han definido como privilegio blanco: el privilegio de ser blanco.

Antes de la Civil Rights Act de 1964, la expresión «privilegio blanco» se usaba para definir las ventajas jurídicas, financieras y sistémicas objetivas que se concedían a los habitantes blancos de los Estados Unidos, como, por ejemplo, el derecho al voto o a comprarse una casa en determinado barrio o acceder a la hipoteca. Cuando la ley combatió, al menos sobre el papel, la discriminación más flagrante, el privilegio blanco se enquistó como una cicatriz social, el fruto de cientos de años de separaciones y recelos. La socióloga estadounidense Peggy McIntosh lo definió en 1988 como «una mochila invisible, sin peso, repleta de tranquilidad, herramientas, mapas, códigos, pasaportes, visados, ropa, brújulas, equipo de emergencia y cheques en blanco». ¿Qué significa esto?

Vamos a comenzar por lo que no significa. En primer lugar, no quiere decir que los blancos siempre lleven una vida fácil, que no tengan que estudiar ni trabajar duro para garantizarse un futuro o la supervivencia socioeconómica de su familia. Lo que sí significa es que, en igualdad de condiciones y posición, un negro se topará con un territorio menos fértil, sino directamente hostil, a la hora de sobrevivir y labrarse su propio futuro. No se habla —solo— de situaciones llamativas o de injusticias macroscópicas, sino de un «ruido de fondo» que acompaña toda la vida a las interacciones de las minorías étnicas con la sociedad y la cultura blanca. Y no se trata solo de la relación entre las minorías y las mayorías, sino de una cuestión cultural, hasta el punto de que el privilegio blanco también se da en países donde los blancos conforman un pequeño porcentaje de la población —como, por ejemplo, las antiguas colonias— o donde nunca han vivido, pero sí constituyen la imagen de cultura dominante. En Corea del Sur, por ejemplo, tener la piel clara o una pareja de origen caucásico suele asociarse a un estatus de poder.

Ser blanco ayuda también a suscitar mayor compasión. Un estudio que se llevó a cabo en Australia, en la línea de transporte público de Sídney, lo demostró: los investigadores hicieron subirse a los autobuses a mil cincuenta personas entre hombres y mujeres, blancos y negros. El cometido de los participantes era decirle al conductor que no llevaba suficiente dinero encima para pagar el billete y ver qué sucedía. Al 72 % de los pasajeros blancos se les invitó a subir igualmente, mientras que solo el 36 % de los negros recibieron el mismo trato.

Desde el punto de vista económico, el privilegio blanco también significa partir de una escala social a la que no se le han puesto trabas ni aún sufre sus consecuencias negativas. Cuando en el siglo pasado el *redlining* de los bancos estadounidenses impidió a la población negra acceder al primer peldaño de la escalera —el que corresponde a la adquisición de una casa—, se provocó una desigualdad que, en la actualidad, se traduce en un retraso en términos económicos, educativos y salariales.

En definitiva: el privilegio blanco significa poder avanzar en la vida con todos los altibajos que conlleva, claro, pero preocupándose solo por cuestiones prácticas implícitas y no por el color de la propia piel.

EL PODER DE LA NORMALIDAD, EL BENEFICIO DE LA DUDA

El privilegio blanco se considera también el «poder de la normalidad» o el «poder del beneficio de la duda». Pongamos el ejemplo de un chaval que se pasea por la calle. Si es blanco, estadísticamente levantará menos sospechas, aunque lleve una camiseta raída y unos vaqueros desgastados. La mayor parte de los viandantes lo considerarán «un adolescente normal y corriente que se pasea vestido a la moda retro de un modo muy informal». Salvo excepciones muy concretas, nadie lo considerará un individuo potencialmente peligroso. A él se le concederá el beneficio de la normalidad y la duda.

Si la misma escena la protagonizara un chaval negro, la cosa cambiaría. Un aspecto desaliñado o el hecho de deambular sin rumbo fijo llevará a una gran parte de la población a pensar que pueda hallarse en una situación de dificultad económica —se pensará que las ropas son de segunda mano, no de estilo retro— o que alberga malas intenciones —sin el beneficio de la duda—. Por lo tanto, en este caso, el joven blanco ha ejercido sin saberlo, y tal vez sin compartirlo siquiera, una forma de privilegio blanco.

Muchas veces, el privilegio blanco no se ejerce de forma activa y consciente, sino que se trata de un simple hecho.

CAPÍTULO 10

¿SOMOS TODOS RACIS-TAS?

LOS PREJUICIOS INCONSCIENTES GUÍAN NUESTRAS DECISIONES

Me sentó como un jarro de agua fría. He recibido el privilegio de una educación inclusiva, que me ha enseñado los principios de la igualdad y del derecho universal. Me considero también una persona medianamente informada; de lo contrario, no habría escrito un libro sobre la materia. Y, sin embargo, me salió lo siguiente en el resultado de una prueba universitaria en la que acababa de participar: «Sientes una mayor predilección hacia los rostros blancos europeos».

¿Cómo era posible? Sin olvidar el hecho de que un test nunca es infalible, también es verdad que, a veces, este tipo de pruebas nos enfrentan a algo que desconocemos: los prejuicios inconscientes.

Para estudiar este fenómeno tan extendido como invisible, un grupo de psicólogos de la Universidad de Harvard creó el Project Implicit —Proyecto implícito— para descubrir los prejuicios que subyacen en muchos de nosotros, aunque a nivel consciente nos consideremos personas informadas y no discriminatorias.

Harvard difunde esta herramienta a través de su sitio web para ayudar al público general, no solo a los académicos, a comprender el trabajo que aún falta por hacer para combatir el racismo también donde uno menos se lo espera.

Se trata de un test de respuestas rápidas y múltiples que se puede hacer desde el ordenador. El sistema no detecta y evalúa únicamente las respuestas a las preguntas —que, de hecho, pueden ser conscientemente equilibradas—, también calcula la velocidad a la que respondemos a ciertas asociaciones: rostros de europeos blancos asociados a adjetivos positivos, rostros de afroamericanos asociados a adjetivos negativos y viceversa —blanco = negativo, negro = positivo—. Parece que nuestro cerebro responde con mayor celeridad a las asociaciones que tenemos más interiorizadas, que subyacen en lo más profundo. En este caso, más de la mitad de las personas que han participado en la encuesta han registrado respuestas más rápidas para las asociaciones positivas con los rostros blancos con respecto a los negros, y aquí es donde sale a flote el sesgo inconsciente. Te preguntarás para qué se requiere saberlo, pero es necesario. Y mucho.

Demos un paso atrás. Los prejuicios son conceptos que acumulamos desde el inicio de nuestra vida mediante la interacción con el ambiente en el que crecemos, nuestra familia, amigos y escuela. El cerebro asume estos conceptos, e incluso sus matices, como datos que, en muchas ocasiones, son invisibles —cuando la abuela nos agarra la mano en el transporte público al acercarse a una persona negra, por ejemplo—.

Poco a poco, crecemos y construimos nuestra personalidad de adultos mediante el aprendizaje activo —la historia que aprendemos en la escuela, el conocimiento de los derechos humanos— o pasivo —cuando la abuela nos estrechaba la mano o el comentario racista que escuchamos en un momento de tensión o miedo—. Una de las características de los prejuicios es que, cuando calan en nuestro interior, continúan buscando y absorbiendo información que los confirmen y refuercen. Este mecanismo ha desempeñado una función muy útil en la evolución del ser humano: la de mantenerse alejado de los peligros que se pueden esconder a nuestro alrededor. Por ejemplo: el tigre es peligroso, sobre todo para un ser humano primitivo que vive en una caverna y que solo cuenta con un garrote para defenderse. Aumentar los prejuicios hacia los tigres ayudaba a nuestros antepasados a tomar medidas de prevención —como saber interpretar sus huellas o captar su olor a distancia— y de educación —enseñar a los niños a hacer lo mismo— que les servían para sobrevivir. Esto significa que, si no somos conscientes de que en nuestra parte más profunda cargamos con prejuicios raciales, corremos el riesgo de absorber lentamente información que continuará reforzándolos hasta que tal vez un día nos transformen y nos lleven a emprender un camino contrario a la igualdad y la tolerancia.

Nuestras convicciones más profundas nos guían en todos los aspectos de la vida cotidiana. Por ejemplo, según los científicos, una persona con prejuicios inconscientes hacia los negros tiene mayor facilidad para cambiar una pistola de juguete por una de verdad, incluso si la empuña un niño —como ocurrió con el trágico suceso de 2014 en Cleveland, Ohio, con el pequeño Tamir Rice—.

Además, los prejuicios inconscientes nos impedirán participar activamente en iniciativas para promover la igualdad, aunque la compartamos a nivel consciente, porque nuestro subconsciente nos frena sin que seamos conscientes de ello. El objetivo del conocimiento es siempre mejorar el mundo en el que vivimos. Por lo tanto, no hay que temer «querer saber», aunque lo que encontremos no sea exactamente lo que nos esperábamos. Tener las antenas puestas con el racismo, ya sea de forma implícita o explícita, nos permite cambiar las cosas de forma activa.

No olvidemos que ser conscientes de que arrastramos prejuicios de manera involuntaria puede contribuir a ponernos en el lugar de quienes los manifiestan abiertamente, nos ayuda a tratar con ellos sin señalar con el dedo, sino intentando comprender de dónde provienen esos pensamientos, cómo se originó esa postura que no compartimos. Ejercitar la empatía —palabra que, literalmente, significa 'sentir juntos'— es el primer paso para una toma de contacto y de comunicación y para poder construir puentes que nos unan en vez de muros que nos dividan.

CAPÍTULO 11

VÍCTIMAS
POR PARTIDA
DOBLE

EL RACISMO SE CEBA, SOBRE TODO, CON LAS MUJERES

Cuando hablamos de igualdad de derechos, existen dos cuestiones principales que requieren especial atención en todo el mundo: la igualdad entre los negros y los blancos y entre las mujeres y los hombres.

La igualdad de raza y de género son dos conceptos que se entrecruzan en un punto común, el más grave de la discriminación: el racismo hacia las mujeres negras o que pertenecen a una minoría étnica.

Hace ya veinticinco años, en Pekín, la Conferencia Mundial de los Derechos de la Mujer concluyó con la constatación de que «un número demasiado alto de mujeres deben superar barreras adicionales para que se les reconozcan sus derechos fundamentales debido a factores como la raza, la lengua, la procedencia étnica, la cultura o la religión».

Son muchas las mujeres que se ven obligadas a emigrar o a buscar asilo político, y muchas inmigrantes o refugiadas tienen dificultades para adaptarse a un nuevo contexto social o económico por pertenecer a una raza distinta a la del país en el que se encuentran. Ser mujer en general, también en los países más desarrollados, cuesta más que ser hombre. En el ámbito laboral, por ejemplo, en 2020 las mujeres ganaban un 25 % menos que sus compañeros por desempeñar una tarea similar con la misma formación académica. Las mujeres negras, en los Estados Unidos, ganan un 37 % menos que sus compañeros blancos, y solo uno de cada dos estadounidenses es consciente de esta diferencia. «Eso es absurdo», pensarás. Pues haz una prueba: pídele a tus padres que busquen empleo y descubre si este dato se confirma también allí. ¿Cuánto ganan las mujeres con respecto a los hombres en su empresa? ¿Y las negras? Preguntar e informarse es el primer paso para remover las aguas estancadas de los malos hábitos y cambiar las cosas.

Pero la discriminación no solo tiene consecuencias económicas, sino también sociales. Una mujer a la que someten a presión en el trabajo, pero a quien no retribuyen como merece, tiene más probabilidades de abandonar su carrera, bien por necesidad —quizá no se puede permitir pagar una ayuda que se ocupe de los hijos y las tareas domésticas mientras trabaja—, bien por falta de motivación.

En los Estados Unidos, durante el mes de diciembre de 2020, las mujeres negras alcanzaron una tasa de paro del 8,4% frente al 5,7% de las mujeres blancas. Si una mujer no trabaja, tiene mayor probabilidad de depender de alguien y sentirse menos libre para abandonar situaciones de violencia física y psicológica —las mujeres negras sufren más episodios violentos a lo largo de su vida, y el 20% los ha sufrido al menos una vez—. Por lo tanto, si no tienen trabajo, deberán endeudarse para sacar adelante a sus hijos y poder costear sus estudios. A este ritmo, salir de una situación de desventaja socioeconómica que deriva de siglos de injusticia racial se vuelve siempre más complicado y difícil.

Hay que conocer la historia de la esclavitud para comprender el presente e intentar cambiar el futuro de forma activa, así como para conocer el trasfondo que permite interpretar otro fenómeno: el tráfico de seres humanos. Una versión contemporánea de la trata de esclavos donde lo que se compra y se vende no son humanos condenados a una vida de trabajos forzados en las colonias, sino chicas —a veces, muy jóvenes— a las que explotan en un negocio tan rentable como la esclavitud: la prostitución.

También en este caso entra en juego el prejuicio racial: en general, en el mundo de la prostitución, a las mujeres se las considera inferiores a los hombres, prácticamente como un objeto que se puede adquirir más que como un ser humano. De nuevo, como con los esclavos que vivieron hace trescientos años, considerar una raza superior a otra sirve para justificar el abuso y la violencia, y lo sustenta el silencio que lo rodea en prácticamente todos los países del mundo. El racismo es también la causa de la desproporción de muertes por enfermedad y por partos de las mujeres negras con respecto a las blancas. En los Estados Unidos, las afroamericanas tienen un 40 % más de probabilidades de morir por cáncer de mama que las mujeres blancas, aunque enfermen con la misma frecuencia. Cuando dan a luz, tienen el doble de posibilidades de morir por complicaciones en la sala de partos que sus compatriotas blancas. ¿Por qué? Por una serie de causas, como las pragmáticas —acceso a la atención sanitaria, que depende de la capacidad financiera—, pero no solo eso. Muchas mujeres negras, como la tenista Serena Williams, han denunciado muy poca atención a las necesidades y a las alarmas reales que las mujeres transmiten a los médicos; por algún motivo, se ignoran, y eso, a veces, tiene consecuencias nefastas.

La muerte de una madre no es solo un número o una herida abierta en el resto de los miembros que quedan, sino que abre un agujero enorme en un sistema tan frágil como el de la familia. Deja a los hijos sin guía, en dificultades económicas, psicológicas y sociales. Una vez más, ralentiza el proceso de normalización socioeconómica para una parte de la población que trata de encontrar redención desde hace siglos y que, de esta forma, sigue viendo alejarse un futuro más justo.

CAMBIO CLIMÁTICO

DISMINUCIÓN DE LA CAPA DE OZONO

ACIDIFICACIÓN DE LOS OCÉANOS

CARGA DE AEROSOLES ATMOSFÉRICOS

EXCESO

CONTAMINACIÓN QUÍMICA

PÉRDIDA DE LA BIODIVERSIDAD

CAMBIO DEL USO DEL SUELO

CONSUMO DE AGUA DULCE

CICLO DEL NITRÓGENO Y DEL FÓSFORO

energía
agua
alimento
salud
CARENCIA
educación
salario y trabajo
paz y justicia
libertad de expresión
igualdad social
igualdad de género
vivienda
contactos

CAPÍTULO 12

LA TORMENTA PERFEC-TA

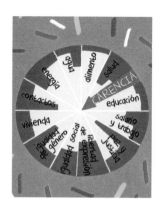

DIEZ MILLONES DE PERSONAS, UN SOLO PLANETA

Tras siglos de desplazamientos vinculados al tráfico de seres humanos por motivos principalmente económicos y políticos, el reloj de la inmigración global está retrocediendo miles de años. Regresa a la época en la que nuestros antepasados comenzaron a abandonar territorios que se volvían inhabitables por razones climáticas y ambientales, moviéndose en busca de tierras más fértiles: desde África hasta Eurasia, desde Eurasia hasta América. La diferencia es que estos cambios y sus consecuentes desplazamientos se sucedieron en miles de años mientras que ahora nos estamos preparando para un flujo de inmigración nunca visto en el transcurso de una sola generación (veinticinco años), que coincide con lo que los científicos y economistas han llamado «la tormenta perfecta». Y con razón. ¿En qué consiste esta? Se trata del resultado de un aumento de la población mundial, estimado en diez millones, y del declive actual, drástico y rapidísimo, de los recursos de la Tierra, indispensables para mantener a la población. Es el panorama que nos espera si continuamos explotando nuestro planeta con la misma intensidad que venimos haciéndolo en los últimos años.

¿Cómo se ha llegado a esa conclusión? El desarrollo económico global ha comportado consecuencias positivas, por supuesto, y muchos países en vías de desarrollo han dejado atrás condiciones de pobreza en un par de décadas. Sin embargo, esta aceleración ha conllevado también consecuencias negativas: estamos utilizando dos veces y media más recursos de los que la Tierra es capaz de generar. Esto significa que hemos tomado «prestada» una cantidad impresionante de agua potable, nutrientes del suelo, minerales, materiales orgánicos... Tomamos prestado, pero no reponemos ni dejamos tiempo suficiente a la Tierra para que regenere sus recursos. No solo eso, sino que la hemos dejado en tal estado que no se puede regenerar más.

La tormenta perfecta, por lo tanto, es una situación de tensión social, económica y ambiental extrema que, si no ponemos remedio de forma tajante a la explotación de los recursos, podría sobrevenir en torno al año 2050, cuando la población mundial llegue a los casi diez millones de personas y los recursos mundiales escaseen por completo debido a décadas de explotación. Algunas zonas de la Tierra, ya azotadas por los efectos del cambio climático, se volverán completamente inhabitables. Esto conllevará desplazamientos en masa de seres humanos para intentar sobrevivir a la escasez de alimento, agua potable y tierras fértiles.

Para que nos hagamos una idea de las cifras: en la actualidad hay sesenta y cuatro millones de inmigrantes que se desplazan por todo el mundo para huir de las guerras, el hambre y las persecuciones políticas, pero también por el cambio climático. Las Naciones Unidas y el Banco Mundial han estimado que habrá entre ciento cuarenta millones y mil millones de inmigrantes climáticos en 2050; es decir, dentro de veintinueve años.

Los inmigrantes climáticos son aquellos que se desplazan por el interior de su país —migración interna— o al extranjero —externa— por el impacto negativo de los efectos del cambio climático global en la habitabilidad de su territorio de origen: aumento del nivel del mar, erosión de la costa, incremento de las precipitaciones con sus correspondientes inundaciones o, por el contrario, largas sequías que destruyen la producción agrícola cada año. Por no hablar de la escasez de agua potable debido a estos fenómenos o a la contaminación de las aguas subterráneas.

Existen ciertas zonas del mundo que, según las previsiones del Banco Mundial, sufrirán más el azote de la inmigración climática interna. La primera, el África subsahariana (con ochenta y seis millones de inmigrantes), seguido por el Sudeste Asiático (cuarenta millones) y América Latina (diecisiete millones). De nuevo, África es el continente más castigado: la cuna de la civilización, de la que todos los humanos procedemos, seguirá pagando el precio más alto.

UNA ROSQUILLA PARA MANTENERSE A FLOTE

Kate Raworth, economista de la Universidad de Oxford, ha inventado una rosquilla —un *doughnut,* en inglés— para explicar cómo interactúan la economía, el bienestar de la población y la salud del planeta Tierra. The Doughnut Economics, la teoría surgida a raíz de una idea publicada en 2012 en un artículo titulado «Un espacio seguro y justo para la humanidad», se basa en el principio de satisfacer las necesidades primarias de la población mundial de forma sostenible, es decir, sin sobrepasar los límites del planeta, ya que, si se transgreden, podría conllevar consecuencias devastadoras para los seres vivos.

Estos límites que no se pueden superar se representan muy visiblemente en la corteza del dónut: el cambio climático, la pérdida de la biodiversidad, el ciclo hidrogeológico —intercambio de agentes químicos entre tierra, mar y atmósfera—, la acidificación de los océanos, el uso de la tierra, la contaminación química, los aerosoles atmosféricos, el agotamiento del ozono, el agua potable. El agujero de en medio de la rosquilla representa las necesidades básicas para la vida: sanidad, educación, hogar, alimentación, agua, energía, igualdad social y de género, representación política, trabajo, paz y redes.

El objetivo del modelo es intentar crear «el agujero de en medio», es decir, satisfacer todas las necesidades esenciales de la población del siglo XXI sin que la rosquilla cambie de forma —es decir, supere los límites de la Tierra—. De momento, ya hemos rebasado cuatro de estos límites —pérdida de biodiversidad, ciclo hidrogeológico, cambio climático y uso del terreno—, y ahora estamos muy atrasados en la creación del agujero, sobre todo en lo que respecta al acceso a la sanidad, la representación política y la justicia social.

Se considera que una economía es próspera y sostenible si mantiene las necesidades y los límites y los define en el espacio representado por la masa de la rosquilla, que se llama «el espacio justo y seguro para la humanidad».

CAPÍTULO 13

EL ENEMIGO IMPRE-VISTO

EL PODER RACISTA
DEL CAMBIO CLIMÁTICO

Han pasado ya más de veinte años desde que los eruditos y los activistas de los derechos humanos se dieron cuenta de que los cambios que sufría la Tierra a causa del calentamiento global tenían un mayor efecto en las minorías étnicas, ya fuera por las consecuencias en sus vidas cotidianas o por el aumento del sentimiento xenófobo y racista hacia los que se ven obligados a abandonar su tierra natal tras haber quedado inhabitable por el clima extremo. Desde hace poco, junto al concepto «cambio climático», surgió el de «justicia climática». «El cambio climático es una realidad que nos afecta a todos. No hay ningún país que sea inmune, aunque, como siempre, los más pobres y vulnerables son los primeros en sufrir las consecuencias». Son las palabras de António Guterres, secretario general de las Naciones Unidas, que invitaba a considerar el cambio climático como un problema social, no solo ambiental.

A través del calentamiento global, estamos creando un ambiente que se configura hostil para la vida humana y que, sobre todo, provoca una sociedad inestable, lo que exacerba los sentimientos de inseguridad, miedo y violencia. En algunas zonas, como África, sufren más los efectos del cambio climático, y desde allí se desplaza la inmensa mayoría de la población. Estos sentimientos se alían cada vez más a menudo con el racismo hacia las etnias africanas —aunque también asiáticas y sudamericanas—. La paradoja es que África no tiene gran responsabilidad en el aumento de las temperaturas ni del calentamiento global. Pese a que alberga el 17 % de la población y el 25 % de los países de todo el mundo, África solo emite el 5 % de las emisiones de gases de invernadero globales. Sin embargo, es el continente que sufre los efectos más patentes del cambio climático, con sequías e inundaciones que ya han provocado la hambruna en más de cincuenta y dos millones de personas, y hay veinte millones de refugiados que huyen del continente por este motivo.

¿Cómo influye el calentamiento global en el racismo? Los ingentes flujos de seres humanos que huyen de la hambruna y de los territorios inhabitables causan presión en los sistemas sociales, en las ciudades y en los países a los que llegan en busca de ayuda. Este fenómeno ha disparado el miedo a lo distinto, unido al creciente temor de que los recursos locales no alcanzan para todos. En resumen: se alimenta la xenofobia.

El sentimiento racista aflora también en una gran parte de la población que, hasta este aumento de la presión sobre el territorio, no se consideraba oficialmente racista.

Los científicos lo llaman «pseudoespeciación cultural», una expresión que suena difícil, pero que tiene un significado muy sencillo: cuando escasean los recursos, los animales se agrupan por especies; es decir, se organizan socialmente para lograr un mayor acceso a las fuentes de alimento y agua para la propia especie y con ello aumentar sus posibilidades de sobrevivir.

En el caso del ser humano, esta diferencia no se justifica por el hecho de pertenecer a otra especie, sino que se manifiesta en forma de diferencia cultural: si otro ser humano es culturalmente distinto a uno mismo, sobre todo si tiene rasgos físicos diferentes, aparece la pseudoespeciación cultural y nos sentimos justificados para discriminarlo y alejarlo de la distribución de los recursos, porque, según la parte irracional de nuestro cerebro, no pertenece a nuestra especie. Este mecanismo que encasilla al otro en un marco distinto —junto a las consecuencias de la historia de la esclavitud, la supremacía blanca y el racismo sistémico— cimenta las bases de la intensificación del sentimiento racista surgido en los últimos años en respuesta a los desplazamientos migratorios masivos.

Por lo tanto, centrarse en resolver el cambio climático equivale a centrarse en combatir el racismo actual y el que vendrá, porque, de nuevo, todo está interconectado.

BREVE RESUMEN DEL CAMBIO CLIMÁTICO

Según la definición de la Organización Meteorológica Mundial (OMM), el cambio climático es una transformación del estado medio del clima o de su variabilidad —sin considerar los fenómenos extremos— que persiste durante un periodo extendido: treinta años o más. Puede tratarse de un calentamiento o de un enfriamiento global. El cambio climático que estamos presenciando en la actualidad en todas las partes del mundo constituye un conjunto de fenómenos que los científicos atribuyen a la subida de temperaturas, que, en parte, atiende a razones antropogénicas —resultado de la actividad del ser humano—. En comparación con el periodo anterior a la Revolución Industrial, que tuvo lugar a mitades del siglo XVIII, la temperatura del planeta ha subido un grado centígrado y podría aumentar entre tres y cinco en el año 2100 si no se actúa rápido y con decisión para atajar las emisiones de dióxido de carbono.

Según los científicos del Intergovernmental Panel on Climate Change (IPCC), solo nos quedan nueve años para reducir drásticamente el consumo de combustibles fósiles antes de provocar una reacción en cadena que podría comportar efectos devastadores e incontrolables. Si continuamos agotando combustibles fósiles a este ritmo, aun siguiendo las políticas que ya se han aprobado para la reducción de las emisiones, la Tierra se podría calentar tres grados centígrados más antes de final de siglo. Para los científicos, este aumento de las temperaturas conllevaría la desaparición del hielo durante al menos seis meses al año, con las consecuentes convulsiones climáticas: el aumento del nivel del mar, las sequías o la extinción de miles de especies animales y vegetales.

CAPÍTULO 14

LA JUSTICIA CLIMÁ-TICA

LA IGUALDAD UNIVERSAL DE DERECHOS PARA SALVAR EL PLANETA

El cambio climático y la justicia social se vinculan tan estrecha-
mente que ha surgido un movimiento global que cada vez adquiere
mayor escala en torno al concepto de justicia climática. En él se
unen los activistas por el clima —entre ellos, los de Fridays for
Future— y los que combaten el racismo —por ejemplo, Black Lives
Matter—.

En una carta al Parlamento europeo, un grupo de jóvenes —entre
ellos, la activista sueca Greta Thunberg— invitaba a los medios a hacerse eco del problema africano y a los Gobiernos a tomar decisio-
nes urgentes y drásticas para abandonar los combustibles fósiles,

además de las que ya constan en la agenda, porque no se puede esperar más.

> Solo hay algo que está claro: no podemos aspirar a la justicia climática ni a la ambiental si seguimos ignorando la injusticia racial y social, la opresión sobre la que hemos construido las bases de nuestro mundo actual. La lucha por la justicia y por la igualdad es única y universal. [...] Sin igualdad, no tenemos nada. No tiene sentido dividirnos para decidir qué prioridad hay que abordar primero.

La alarma de Greta se une a la de una de las personalidades más influyentes dc la economía mundial, Kristalina Georgieva, expresidenta del Banco Mundial, que insta a las potencias a tomar medidas inmediatas y declara: «El número de inmigrantes climáticos podría disminuir en decenas de millones con un esfuerzo internacional orientado a reducir las emisiones de gas invernadero y un plan de desarrollo a largo plazo». Si los Gobiernos de todo el mundo se coordinaran y persiguieran objetivos comunes, se podría reducir el número de inmigrantes, y no poco: hasta un 80 %.

Las medidas principales que deben implementar los Gobiernos, siempre según el Banco Mundial, son interrumpir —no de forma gradual, sino de inmediato— el uso de combustibles fósiles, sin mayor dilación, porque «el margen de maniobra en este sentido se está reduciendo a toda velocidad» y queda poco tiempo para mitigar los efectos del calentamiento global. Otras medidas que hay que tomar son incluir la inmigración climática como una variable importante en los planes de desarrollo del territorio, de la ciudad y del área metropolitana en expansión, coordinar los esfuerzos públicos y privados para garantizar un crecimiento armonioso de la sociedad, prever y analizar los flujos de personas, proyectar herramientas que vuelvan el territorio resiliente —es decir, en condiciones de resistir y seguir desarrollándose— al crecimiento de la población y a los efectos del cambio climático.

Los problemas principales que hay que afrontar una vez eliminados los combustibles fósiles —incluida la denominada «biomasa», que implica la combustión de material orgánico, como la leña, con las consecuentes emisiones de dióxido de carbono a la atmósfera— son los relacionados con la escasez de alimento y agua potable en las regiones más castigadas. ¿Cómo se cuida un territorio afectado por el cambio climático? ¿Cómo se vuelven seguros los acuíferos? ¿Cómo se cultiva la misma cantidad de verduras en un espacio más reducido? Los científicos, los ingenieros y los Gobiernos deben encontrar respuestas a todas estas preguntas y aplicarlas cuanto antes, con sus consecuentes inversiones, y escuchar los gritos de ayuda de una población que pasa por dificultades y que, como recuerdan los activistas, no suele tener los medios para contar su propia historia.

La justicia climática supone un problema global y afecta a millones de personas también fuera del continente africano. En el Sudeste Asiático, por ejemplo, el efecto de la subida del nivel de los océanos es la inundación de kilómetros de territorio que, en el caso de los países que se componen de varias islas diminutas, conlleva que miles de personas tengan que abandonar su hogar para labrarse un futuro en una zona menos expuesta a los efectos del aumento de las temperaturas.

El cambio de las corrientes oceánicas, la pesca intensiva y el relativo colapso de la biodiversidad marina han vuelto algunas zonas estériles, incapaces de sostener la economía local, incluida la de subsistencia. En los países desarrollados, donde las minorías étnicas pasan por dificultades económicas y sociales, el calibre de la injusticia racial responde al hecho de que esta parte de la población está en menor grado de adaptarse a las consecuencias del cambio climático. Por ejemplo, no tiene acceso a un seguro que pague las reparaciones de los daños causados por los fenómenos meteorológicos extremos, como los tifones o las inundaciones, ni una cobertura sanitaria que identifique los problemas de salud derivados de la contaminación —para más inri, las zonas en las que viven estas personas suclen ser las más afectadas por la contaminación—.

No es ninguna casualidad que Gina McCarthy, consejera del presidente Joe Biden en los temas relacionados con el clima, abordase el tcma en una de las primeras declaraciones del nuevo Gobierno de los Estados Unidos: «El cambio climático es también un tema de justicia racial, exacerba problemas que las comunidades ya habían dejado atrás. La justicia climática significa igualdad de derechos para todos, también cuando se habla de clima y contaminación».

La conexión entre los dos mayores problemas del planeta no tiene que ser una mala noticia necesariamente, porque también motiva a las dos principales corrientes de jóvenes activistas —los que luchan por proteger el clima y los que buscan erradicar todo tipo de discriminación— a unir fuerzas y compartir un objetivo común para concienciar a la opinión pública y conminar a los Gobiernos de todo el mundo.

Para que la Tierra se convierta, por fin, en un lugar más seguro y justo para todos los seres humanos.

GLOSARIO

Black Lives Matter: movimiento global, oficial y organizado fundado en 2014 con el objetivo de dar a conocer la violencia sistémica hacia la población negra y promover un cambio verdadero.

Esclavitud: condición de un ser humano que ha sido despojado de sus derechos y se considera propiedad de otra persona, que lo explotará como mano de obra o en cualquier otro servicio. Los términos se deciden unilateralmente.

Ku Klux Klan: asociación anónima e ilegal de hombres enmascarados que, en sus orígenes (1865), atacaban a la población afroamericana que se había liberado de las ataduras de la esclavitud. En la actualidad, difunde propaganda, organiza manifestaciones y acomete actos violentos para perjudicar a la población negra.

Migraciones: movimientos de seres humanos de una zona geográfica a otra que se ha dado desde los orígenes de la humanidad por razones de índole económica, social y política. Las migraciones de los próximos años se vincularán cada vez más a las causas climáticas.

Pseudoespeciación cultural: mecanismo psicológico y etológico que desencadena la agresividad de un grupo social en caso de escasez de recursos o de territorio. Cuando los recursos escasean, los animales hacen piña por «especies», es decir, se organizan socialmente para lograr que su especie tenga un mayor acceso a las fuentes de agua y alimento y poder, así, sobrevivir. En el caso del ser humano, esta diferencia no se justifica por el hecho de pertenecer a una especie diversa, sino que aflora por las diferencias culturales: si otro ser humano es culturalmente diferente a nosotros, sobre todo si presenta rasgos físicos diferentes, la pseudoespeciación cultural nos lleva a discriminarlo, a dejarlo fuera de la distribución de los recursos.

Racismo: forma de discriminación en función de las características físicas de una persona, principalmente por el color de la piel y los rasgos físicos.

Racismo sistémico: discriminación que parte del racismo, pero que tiene efectos negativos más amplios en todos los ámbitos de la vida de un ciudadano y en su interacción con toda la sociedad, desde las fuerzas del orden hasta la educación escolar y su relación con los bancos o los empleadores.

Supremacismo blanco: ideología que se basa en la violencia y la convicción de que los seres humanos blancos son superiores a otros grupos étnicos —sobre todo, a los de piel oscura—.

Privilegio blanco: capacidad de avanzar por la vida, con sus altibajos habituales, pero preocupándose solo de los asuntos prácticos que surgen por el camino y no por el color de la propia piel —la cual es, precisamente, blanca—.

Xenofobia: temor, miedo a lo distinto, al extranjero, no tanto en función de su origen geográfico, sino por el mero hecho de que provenga del otro lado de la frontera.

SITIOS WEB DE UTILIDAD

- Para las últimas iniciativas globales sobre los derechos humanos: www.ohchr.org
- Para estar al día sobre las campañas contra la violencia racista: www.blacklivesmatter.com
- Para conocer la historia de los inmigrantes europeos en los Estados Unidos: www.statueofliberty.org
- Para profundizar en la ciencia del cambio climático: www.ipcc.ch
- Para apoyar la campaña contra el cambio climático: www.fridaysforfuture.org

AGRADECIMIENTOS

Este libro no habría sido posible sin el apoyo de Balthazar Pagani, Leonardo y Agata Pillot.

Gracias a Massimo Pillot, Salvatore Giannella, Manuela Cuoghi, Mahasti Mohammadi y Lucia Esther Maruzzelli.

Un agradecimiento especial al Cambridge Institute for Sustainability Leadership.

Este libro se terminó de imprimir en noviembre de 2023.